秦淮八艳之

董小宛传

董小宛传

典藏精品 苏香初◎著

广东旅游出版社
GUANGDONG TRAVEL & TOURISM PRESS
悦读书·悦旅行·悦享人生

图书在版编目（ＣＩＰ）数据

秦淮八艳之董小宛传 / 芬香初著 .—广州：广东旅游出版社，2014.1

ISBN 978-7-80766-764-3

Ⅰ . ①秦… Ⅱ . ①芬… Ⅲ . ①董小宛（1624 ~ 1651）—传记
Ⅳ . ① K828.5

中国版本图书馆 CIP 数据核字 (2013) 第 299973 号

责任编辑：何　阳
封面设计：金　刚
责任技编：刘振华

广东旅游出版社出版发行
（广州市越秀区先烈中路 76 号中侨大厦 22 楼 D、E 单元　　邮编：510075）
邮购电话：020-87348243
广东旅游出版社图书网
www.tourpress.cn
北京毅峰迅捷印刷有限公司
（通州区潞城镇南刘各庄村村委会南 800 米）
710 毫米 ×1000 毫米　16 开　14.5 印张　216 千字
2014 年 1 月第 1 版第 1 次印刷
定价：29.80 元

目　录
CONTENTS

第一章

董家有女初长成，养在深闺人未识

温柔婉丽复冰清，水入山塘便有情。

微雨凭君何上望，小怜人影正盈盈。

第一节　姑苏每多佳人出，灵秀青莲在闺中

明朝天启四年（1624 年）春，我出生在苏州的董家绣庄。我娘说，我出生的那个时节，院子里的桃花开满了枝头，一束一束地，有种撩人的气息。爹看看还在襁褓中的我，对娘说："这孩子随你，长得俊俏，面若桃花，长大了必美不胜收。但女子多红颜而薄命，我怕她此后命途多舛。"娘望着院子里那满树压枝的桃花，秀丽的脸庞露出淡淡的忧思，缓缓地叹了一口气。"这孩子，就叫董白吧，字青莲，取自诗人李白之名，我愿她一生一世若莲花，清雅脱俗，莫让红尘世俗烦扰。"娘说着，宠溺地揉了揉我的脑袋。我皱皱小小的眉头，"哇"地一声哭了。窗外微风猎猎，那桃花一颤一颤，像是在枝头上轻声吟笑。

董白，是我人生中的第一个名字，也伴我走过了将近一半的人生道路。那时我爹还是一个小有名气的商人，我娘白氏虽然身份低微，但也读过几年的书。她喜欢李白的诗句，常说他是"诗中圣贤"，又说他虽是诗人，但又有一副仗义侠骨。念他的诗句时，娘的眼中总是充满了向往，甚至有一种少女的气息，连我爹有时都不禁吃醋道："你再喜欢那些诗句，也见不到李白真人。"

娘总是会淡淡地看一眼爹，嘴角勾起微微的弧度，也不作辩解，一言不发地继续看那些早已被她翻阅多年的书籍。我从来都觉得，我娘最美的，便是在读李太白的诗的时候，她的眼中流光溢彩，脸颊上是连自己都无法察觉的欣喜之态，酥软的字句从她口中缓缓地淌出。我想，爹虽然吃醋，但也喜爱看娘这样美丽的神情吧。

我读书，也是因为我娘而开始的。

我娘说，我虽然出生在商人之家，但也不是什么低微的女子，世人都说"女子无才便是德"，但她就偏要让我学习琴棋书画，饱读诗书，

今后嫁了人，也不至于就变作一个无知妇孺，就算日后遇到难事，在心中也会有一个寄托，吟诗作画，总归是能让人心旷神怡的。而读书，也能让我有一个清淡的性子，离那些红尘纷扰也远上许多。

十年过去，我在董家绣庄中一直过着平淡如水的生活。娘让我练书法，我便在家中每日每日地写，临摹前人的作品，继而自己再写。爹知道我喜爱写字，每次从外归来，也总给我带来一些名家的手笔，有时还会从湖州等地，给我带来上好的纸笔。我对爹的印象不深，他似乎总是一个很严肃的人。年幼的我很少从他的脸上看到笑容，他的脸总是紧巴巴地，看上去没有一点色彩。

爹总是在外忙碌着，打理着绸庄的生意，而我和娘，就深藏在家中，每日读书写字，赏花看月，日复一日地，以为生活便会一直这样继续下去。

我十二岁的时候，爹从外面回来，他似乎消瘦了很多，脸颊上的肉都陷了下去。他与我娘坐在厅内，低声耳语着什么。我穿着一身鹅黄色的衣裳走到厅里，爹一看到我，愣了一下，接着笑着说："我家白儿也长大了，变成漂亮的大姑娘了，也该给你找个好人家了。"

我又羞又恼，仗着少女所特许的劲儿，跺了跺脚，转身回了房。过了片刻，娘来到我的房间，手中拿着一幅字画，说道："你爹给你带回来的。"

这每次回家会带的礼物，爹倒是从来没有忘记过。

我也从未想过，爹说完这话没多久，我的人生就发生了巨大的变化，那么让人措手不及，难以接受。

爹难得回家一趟，也会给我和娘讲一些在外的见闻。当时天下已经开始变得混乱，虽还不及生灵涂炭，百姓无家可归，但混乱的格局也人人自危。所谓乱世出英雄，爹每次回来都会告诉我们一些关于"英雄"的故事，有时候他会话锋一转，问我："白儿，你心中中意的男子是何样的，爹也好为你寻去。"我害羞地低着头，说道："我不图荣华富贵，只愿今后的夫婿，能是一个顶天立地的男子汉。"爹听完，就会笑着对娘说："你看我们家的白儿，当真是个有志气的姑娘呢。"

我跺跺脚，红霞早已布上了脸庞。

十三岁的我，已生得亭亭玉立，稚气从我脸上逐渐褪去，一些属于女人的魅力，开始渐渐地出现在我的身上。我娘说我已经是豆蔻年华的姑娘，往那花园中一站，便是一处风景。还好我性情宁静，眉宇间一股冷淡的气质，也能赶走不少的红尘纷扰。我依旧在宅子中细读那些古今圣贤的书籍，挥笔书写心中情怀，月圆之夜，还会与娘在家中欣赏月光，小酌两杯，读着李太白的诗词："花间一壶酒，独酌无相亲。举杯邀明月，对影成三人。月既不解饮，影徒随我身。暂伴月将影，行乐须及春。我歌月徘徊，我舞影零乱。醒时同交欢，醉后各分散。永结无情游，相期邈云汉。"

娘一念起这首诗，我便知道她又是想爹了。爹总以为娘的心中只有李太白的诗词，却不知娘在家中，时时惦记着他。

"愿得一人心，白首不相离。"娘轻轻念道。我笑着说："娘您别犯相思了，可别先坏了身体，爹过两日便回来了，您还要漂漂亮亮地见他呢。"

"瞎孩子，说什么呢，没羞没臊的。"娘责怪道，脸上却是掩不住的欣喜之情。我吐吐舌头，又给娘斟上一杯酒，娘见了又说道："大姑娘家的，怎么还做鬼脸呢？没一点规矩。"我于是立刻冷下一张脸，说道："可是娘，我要是这么严肃，岂不是跟爹一模一样了。"娘听罢，看我那一脸神色，不禁笑了。

爹要回来了，我和娘都很高兴，一家团圆的日子在这十几年中，并不算多，爹每次回家，也都只是待上很短的时间，便匆匆离去，但是这一次他答应过我们，回来后会待上很长一段时间，带我和娘好好出去游山玩水一番。

但我们谁也没想到，爹回来了，比他与我们约定的时间还要早上两天，却已经失去了生命，只是一具铁青色的尸体。

第一章 董家有女初长成，养在深闺人未识

005

第二节 家道中落无援手，董家绸庄难再续

我还记得那个时候，夏季已经离去，湿热的空气渐渐退去那股汹汹气势。淡淡的秋意缓缓袭来，叶子已开始逐渐褪色，我和娘正盘算着准备几件新的衣裳，我们自己做几件，为爹也做几件，想着哪日赶上个好天气，可以去园中观赏我们种的那些菊。

爱菊，也是因为我娘而起的，但是这些菊却是我爹所种。中秋时节，爹虽然忙碌，但也会尽量回家一趟，在家中与我和娘赏月赏菊，这几乎是我十几年记忆中最为美好的时光。但是今年，我们却再也难以继续这种悠然的日子了。

爹此次远行，只带了一个家中的伙计，他年纪大了，加上原本的身子骨就不怎么好，舟车劳顿，不慎染上了风寒。本来休息几日就能好，但是爹想着快点完了这笔生意，早日归家，便勉强着上路，不料病居然越来越重，待伙计将爹送去城中看大夫时，已经病入膏肓，回天乏术。

那伙计倒还是有些良心，千里迢迢将爹给送了回来，也倒没让他客死他乡。可惜伙计没读过书，对爹的事情也只能说个大概，那些关于爹的细节，他早已忘却，也问不出什么。然而我们也已经无心去思考伙计的话，爹的暴病夺去了我们所有的力气，甚至连流泪已没有念想。

看到爹的尸体那一刻，娘的脸色便变为了纸般的惨白。她的牙齿紧紧地咬着自己的嘴唇，血色从她的唇上退去，难以掩饰的绝望从她的周身散发出来。我从未见过这样的娘，似乎在见到死去的爹的那一刻，娘的生命也从她的身体中消失了，存在于我眼前的，只是娘仅剩的躯壳。

爹死后的一个月，娘都将自己关在房间内，不愿意见人，丫鬟每到时间便给娘送去膳食，但她吃得很少。我每天都去她的住处看她，但她一直避而不见，直到那日，娘不知道为何出了房间，站在门前，呆呆地

望着荒凉的院子。

"娘……"我在一旁怯怯地喊道。爹的死来得太过于突然，十三岁的我尚且不能全然理解这一切会给我们的生活带来什么样的影响，但我的内心非常地不安，那种战战兢兢的恐惧感，在我的心中蔓延，我知道，有什么事情将会彻底不一样了。

娘抬眼看了我一眼，她的眼中满是血丝，头发散乱地披在肩头，身上的衣裳已经多日未换。天气已经开始转凉，但是自处理好爹的后事后，娘便一直都是这副样子。她也不言语，不流泪，只是默默地坐着，看着窗外开始凋零的秋叶，任逐渐寒冷的风吹着她单薄的衣裳。我很恐惧，以为娘已经疯了，但是当我将衣裳披在娘的身上时，她看我那温柔而绝望的眼神，又与这十几年间我所见到的无两般样子。

"娘，起风了，您回屋吧，我把窗关上了。"我说道，让身边的丫头去扶娘进屋。

娘也不抗拒，自己缓缓地站起来，身子单薄地，却像是每一步都要被风吹倒一样。

娘进了屋，侧身坐在床上，她突然抬起头，看着我，说道："白儿，你过来。"娘已经多日没有喊过我了，这突然的呼喊，禁让我有些不知所措。我忙走到床边，坐在娘的身边，听她要说什么。

娘细细地看着我，理了理我的衣裳，又摸了摸我的长发，终而叹了一口气说道："你也到了物色人家的年纪了，但是你爹这一走，家中连个主事的人都没有，你的大事就难办了。"我愣了一下，说道："娘，白儿的年纪还小，不想离开娘，现在家中又出事，白儿更加不会弃娘而去。"

娘的嘴角露出一丝苦笑，说道："女子到了年纪，岂有不找人家的道理，倒是现在家中已无支柱，我怕你今生也难觅一个好人家了。"

娘的眼中满是绝望和怜悯，我心中一丝丝地疼得厉害，我又岂非不明白，在这个女子命如草芥的年代里，寻一个佳婿，是女人唯一的出路，但是爹已去世，这家中再也没有人能够照顾我们，娘的天已经塌了，我的也一样。

但此刻，如若连我都自艾自怨，娘又如何撑下去？

　　我认真地看着娘，说道："若没有佳婿，我们就靠自己，爹虽然已经去了，但是给我们留下了绸庄，家中还有伙计和下人，我们定能够渡过难关的。"

　　娘愣了一下，抬眼看着我，半晌没有说话，只是认真地在端详着我，过了好一会儿说道："我的白儿，面若桃花，性情若莲，若知道你的性子会如此坚强刚毅，我便也不让你学那些附庸风雅的东西，做个普通的妇孺，对你而言反倒更是福气吧。"说着又叹了口气道，"我夫已去，我对这世间也无留恋之处，倒是白儿你该怎么办？"

　　我一听便慌了神，娘这话中已没有生意，但她却是我在世间唯一的依靠，我断然不能再失去她，我忙说道："娘，您还有白儿啊，白儿定会好好服侍娘的。"

　　秋风轻轻地撞在窗上，发出细微的声响，风中已经开始带着寒意，预示着寒冷的冬日也将在不久之后到来。

　　"冬天快要到了。"娘喃喃道。

　　"娘……"我还想说点什么，但是娘却挥挥手，便是让我出去了。我皱皱眉头，带着丫头出了娘的房间。

　　此时我并不知道，爹的死，并不是最糟糕的事情，而是我此生所有灾难的开始，这之后遇到的点滴幸福，也将耗费我今生所有的气力与勇气，我的生命，终成了乱世中摇曳不止的莲花，花开清美，瞬时凋谢。

第三节　屋漏偏逢连夜雨，母卧床上病无力

爹给我们留下了偌大的家产，可我和娘都从未学习过如何去经营绸庄，还好家中还有伙计，账房先生虽有去意，娘好说歹说留他下来，还给加了工钱。我家已没有男丁，孤儿寡母的，似乎也只有让人欺负的份儿了。

爹去世后的每一天都是如此的漫长，原本在我眼中，秋是个再难能可贵不过的季节，它无春日的招摇，夏日的炎热，也未有冬日那刺骨的寒风。而我心头之爱也总会在秋日中绽放。往常这个时候，我们本该一家三口坐在庭院中，听我爹叙述那些奇闻怪事，而我娘总会安静地微笑着，眼中满是说不尽的柔情。

而今年，因为缺少照顾，那些原本盛开的菊，已有一种颓废之感，与这整个董家大宅一般，没了生气。

"小姐，夫人还是不肯吃饭，再这样下去，怕是熬不住啊。"丫鬟的声音在身边响起，拉回了我在败菊上的目光。娘的心绪还是无法平复，我知道她是还念着我，才忍着不追随着爹而去，可若是这般下去，她的身体迟早要垮。

我来到娘的房前，几声细微的咳嗽从房内传出，听得我心中一阵惊慌。冬意此刻已渐渐漫了上来，娘的身子本来就弱，加上她如此作践自己，又怎么能不生病呢？

我推门而入，娘果然半卧在床上，她已消瘦了许多，脸上不见血色。她见是我，稍稍挣扎了下，似乎是想坐起来，但无奈身子没有力气，便又放弃了。我忙上前扶起娘。

"娘，丫鬟说你还是不肯吃东西。"我说道，声音里有些责备。娘摇摇头说："不是娘不想吃，我是真的吃不下。"娘说道，眼神又往窗

外看去，"往年的这个时候，我们的庭院中，该是晚菊盛开才对，今年怎么都不见花的影儿？"我咬咬下唇，说道："今年的菊还未开。"

"未开？或许是永远不会开了吧……"娘喃喃地说道。

"娘，你这样让白儿很是担心。"我皱着眉头，满心都是不安。我能感觉到，在娘的衣裳下面，早已是骨瘦如柴，那个丰腴的美人已随着爹的离去而离去了。

娘看看我，突地说了一句："白儿，娘觉得好累。"我愣了一下，问道："怎么了？娘您为什么这么说？"

娘叹了口气道："这董家庄园，原是你爹为了让我们居住而建的，不知不觉中，我们也已经在这里住了十几年了。但如今你爹已经归西，我住在这里……"说着，娘轻轻地咳了两声，我忙起身，为她倒了一杯水。

"……睹物思人啊，我每天一睁眼，知道自己还在这庄园之中，关于你爹的回忆就会源源不断地涌入到我的脑海中，只有痛苦的感觉，每日每夜地缠绕着我。"娘说着，眼睛已经开始变得湿润。"昨夜，我又梦到你爹了，他看上去那么瘦，一定没有在那边过上好日子。"

我的心中不由得一动，娘的意思，莫不是想要将这董家大宅变卖了？虽说我对这些身外之物，并没有什么特殊的留恋，但是这房子，毕竟是爹为了我们母女而建的，若是说卖就卖，心中也尤为不舍。

"娘，只要你安好，白儿一切都听娘你做主，只希望娘您要保重自己的身体，莫让孩儿再担心了。"我说道。罢了罢了，多么华贵的房子，都抵不上我娘重要，若是我娘能够从这悲切中回来，这些身外之物，我都不要了。

我对娘说道："若是您觉得这屋子住的不如意，我们搬出去便好了，这天大地大，难道还找不到我们母女的容身之地吗？"

娘没有说话，算是默许了。

那一年的冬天，特别地寒冷，苏州下起了绵绵的雪，薄薄一层地贴在地上，凉了人的心。家中的伙计赶紧趁着雪还未变大，将我们的行头打理好，送到了我们的新家中。

娘将新的住址选在了半塘河滨上，虽然没有原来家中的美轮美奂，但也是一处悠然的居所。新居的门前便有一条蜿蜒的河流，波光粼粼，看着也让人心中沉静，时来时往的船家吆喝着，在水上驶过，倒也好生热闹。娘看到这房子的第一眼，就甚是欢喜，或许是因为那些种在新居周围的柳树吧，虽然现在还没有长出枝桠，但到了春天，一定是一番难得的美景。

"夫人，以后您可要保重身体啊。"伙计殷勤地说着，将我和娘的行李从车上卸下，搬进屋子里，两个丫鬟也进了屋，帮着整理东西。原本幽静到无声的小屋，倒也热闹了起来。这个此时伴着我们到半塘来的伙计，是爹生前的一个得力助手，我娘本来就不擅长打理绣庄的事情，此次搬出老宅之后，与绣庄的接触就更少了，娘干脆就将生意全部交给了手下的伙计。

"夫人，若是没事，小的就先回绣庄了，绣庄的事儿多，夫人要是有什么事情，就再吩咐小的便是。"那伙计低眉顺眼地说道。娘点点头，迟疑了一下，嘱咐道："董家绣庄是老爷的心血，你一定要花上心思，我定不会亏待你的。"

那伙计忙说"是，是"便退回了车上，启程准备在天黑之前回到绣庄。

我和娘，终于走出了偌大的董家大宅，住进了这半塘的小屋子中。

唯一庆幸的是，住进这屋子之后，娘的心情好了许多，身体也在缓慢地恢复着，有时候甚至可以坐在屋子前，看看来往的船家，晒晒和煦的阳光。有空的时候，娘还会教我做一些女红，学着下厨，她说她要让我成为一个贤淑的女子，既能满腹经纶，也懂女子之道。

不知不觉中，我们竟然便这样度过了一年的时光。时光荏苒，爹逝世的阴影逐渐从我们的生活中退出，而我也到了及笄之年，本以为我和娘的日子会一直这样平平淡淡地过下去，未曾想到，平淡的日子终会有结束的一日。

011

第四节　债多母病无所依，青莲无奈落红尘

清晨时分，门外有细密的声音传了进来，我睡不着，便起身出了门，一眼看到一个老人坐在船头，眼神看着远方，似乎在思考着什么。

我的嘴角露出了不自禁的笑容，喊道："王大叔！"王大叔似乎吓了一跳，回头看看是我，忙下了船，上了岸，屈着身子跑到我的跟前。这王大叔是住在附近的一个渔民，心地善良，为人淳朴，他念我们孤儿寡母很是可怜，这一年中帮了我们不少的忙。

"哎呀，小姐你怎么这么早就出门了？"王大叔说道，手上拿着看不出年岁的布袋子。

我笑着说道："睡不着，便早点出来走走，您这么一大早地在这儿作甚呢？"

王大叔一听，机警地看了看四周，悄声问我："小姐，你们打算什么时候逃命啊？"

逃命？我愣了一下，问道："为什么要逃命？"

王大叔又看看周围说道："小姐你整日在家中不知啊，这天下啊已经大乱了，这阵子大家都在商量着逃命呢。"

我皱皱眉头。天下的形势我并非不清楚，但苏州一直是一个安逸之地，原以为我和娘可以在这里安然度日，难道这样平静的日子也要结束了？

"白儿……"正想问得细一点，娘的声音从门内传来，我忙向王大叔行了个礼，便回屋子里去了。

一年的光景，娘的身体时好时坏，看了无数的大夫，也花了许多的钱，但总也不痊愈，就这么不紧不慢地拖着——绣庄的伙计每隔一段时间就会送些银两和衣物来，倒也刚好够我们过活。

我进了屋，娘已经起身坐在了椅子上，她见我进来，便问道："你刚才在外面干什么？"娘的声音很是细弱，一听就知道是长期卧病在床的人。

　　"刚刚和王大叔聊了两句，娘，王大叔问我们什么时候逃命。"我小心翼翼地说道。

　　娘怔住了，许久才轻声叹了一句："原来已经到了这个时候了……"

　　崇祯十一年（1644年），天下已经大乱，百般思索下，娘决定要将绣庄结束，带上爹留下来的财产，和我一起去寻一个地方隐居。

　　但没想到，娘拿到账本的时候，脸色竟然猛然地一白。

　　"这……这账是怎么回事？"董家绣庄内，娘的声音颤抖着，脸色惨白，没有一点血色。

　　"夫人，这账就是这样……您看，这两年生意也不好做，我们为了能够让绣庄能支撑下去，借了不少钱，您说要结账，小的就将这绣庄盘出去，能还的账都还了……"

　　"那这怎么还欠着几千两银子呢？"娘的声音骤然提高，我心中也是一惊，这么多年，我从未见娘发怒过，但此时的她，却是睁大了眼睛，凶狠地看着那伙计。

　　谁知那伙计一点儿都不畏惧的样子，耸耸肩说道："夫人，这真不能怪我，这两年兵荒马乱的，生意不好，您又不管事，我只好自己处理了，我也是费了很多的心思，才将这绣庄支撑下来的啊。"

　　这分明是狡辩。我突然明白了当年心中那种不安的感觉，这样的家产，在谁人的眼里都是难以抵挡的诱惑，我们以为爹生前的得力助手，必是可以信任的，但是却万万没想到，正是这样的人，才会吞了我们的家产。

　　娘也是明白了，她拿着账本的手在微微地颤抖，忍着一口气，说了一句"滚"便无力地坐在椅子上，仿佛花光了身上全部的力气一般，再没有声响。

　　那伙计转身便走出了绣庄，我忙上前扶着娘，满是担忧地看着她。

　　此时已是春之时节，董家绣庄内的桃花已悄然盛开，风吹过，不时飘落的花瓣便会纷飞到房中，安静地落在地上，静默而美丽。但这美，在我此刻看来，却是如此的残忍。

半晌之后，娘突然开口说道："什么都没了……"

我心中突然一阵凄凉。原以为处理完绣庄的事情，我便可以与娘寻一处安逸的地方，安度余下的岁月，但现在负债累累，就算想要寻得清静，也很是难。

"咳……咳……"娘突然剧烈地咳了起来，我忙倒了杯水递给她，却不料，娘猛然一咳，竟生生咳出了一口血！我瞬间慌乱了，不知如何是好。

"白儿，我们这该如何是好。"娘说道，她已完全不理会自己的身体，声音里已没有生气。

该如何是好，我又如何得知？此时我也不过是个十三四岁的丫头，常年居住在清幽之处，未与外世接触，娘是我唯一的依靠，如今家产散尽，娘还体弱多病，我又能做何打算。

但是这样的绝望只在我心中一闪而过，我努力镇定了下来，对娘说道："此地不宜久留，没几天，我们关闭董家绣庄的事情就会被别人知道，到时候债主一上门，我们就真的跑不掉了，现在只能快些收拾，早日离开苏州。"

娘抬头看着我，思索了许久，问道："你说，离开苏州？"

我坚定地点点头。既然我们在苏州已经没有家产，还有几千两的欠债无从还起，倒不如先行离开苏州，等到风头过了之后，再做打算。

娘低垂着头，默默地不再作声。

我突然感到，现在娘已经不是我的依靠，而我却成为了她的依靠，她已承担了抚养我长大的责任，而此刻开始，该是我要照顾她的余生了。

我将娘紧紧地搂在怀里，试图让她的心能够安定下来，多年之后，回忆起当时的场景，我依然难以置信当时的自己，竟然会如此地镇定。

然而离开了苏州，该如何生存，却又是另外一个问题，我们或许能够逃脱被债主逼债的命运，但是娘的病一直拖着，也总需要钱来医治，而如今我们寻遍家中所有的财物，也仅仅够一个人上金陵的盘缠。

突然间，我又想起了爹当年给我讲过的关于"才子佳人"的故事，我董白注定命运多舛，却也不能抛下家中生病的母亲，苟且活着，虽然只是一介女流，但也有自己的骨气所在。想罢，我又紧紧地拥着娘，说道："娘，我一个人去金陵，你莫要担心，债主寻上门，您便说我董白一定会想尽办法还债便成。"

娘不解地看着我，我未再言语，跪在地上，给娘磕了三个头。

"娘的养育之恩，白儿无以为报。"说罢，泪水已按捺不住，从眼中滚滚而出。

第一章　董家有女初长成，养在深闺人未识

第五节　秦淮又多俏佳人，董白从此作小宛

是夜，秦淮河上点点光亮，男男女女的调笑声从画舫中传出，一派奢靡颓唐的样子。我好不容易寻得一个片刻工夫，到船头透口气。

秦淮河上的风特别地凉爽，吹得人心中总是痒痒的，我抱着琵琶，坐在船头，时不时拨弄下手中的琵琶。来到秦淮画舫已经一月有余，不知道娘在家中如何。我想着，眼睛便不由自主地向着远方看去。

"小宛，一个人做什么呢？"一个清脆的女声传来，特别地好听。我愣了许久，改名董小宛也已有一月的时间，但我还是不习惯这个名字。我回头一看，一个身着红裳的女子正站在我身后，玉脂凝肤，美艳动人，盈盈地笑着。我忙起身行礼道："柳小姐。"

柳如是挥挥手说道："你我在同一条画舫上，便是同一等人，你我以姐妹相称便是。"我微笑着点点头，说道："是，如是姐姐。"

柳如是一定是我此生见过的最美的女子，早在苏州的时候，我就听过关于她的传闻，读过她作的诗，也知道她是秦淮河上难得一见的奇女子，但如今真的见面，才觉得自己原先想的，不过是她美好的冰山一角，这个女子绝非池中物。

秦淮河上的风轻柔地吹过，掠起了我们的乌丝，掠起了我们的衣角，另一船上的公子哥看到我们，竟吹起了口哨，甚是轻薄。若是以前，遇到这样的事情，我定然恼羞成怒，要与人理论一番，但在这画舫中待了这一阵子，对这些事情倒也司空见惯了。

我们没有理会其他船上的声响，静静地坐在船头。

"想家了？"柳如是轻声问道。

我摇摇头，又点点头，我的心思自然是瞒不过她的，倒不如痛快地承认。

柳如是叹口气说道："小宛，你心中是否会怨我，拉你进了这个行当？"

我赶紧摇摇头，说道："如是姐姐救了小宛一命，我怎么会怨恨姐姐呢？"

当日我独自来到金陵，无依无靠，差点就被老鸨拐进了妓院，还好柳如是出现，将我从妓院中救出。

柳如是摇摇头说道："我见你第一眼就知道你不是一般的女子，贸贸然进了那种妓院，今后的日子一定不好过，这画舫虽然也不是什么绝好的地方，但至少可以让你卖艺不卖身，好让你的身子能够干净。"

我淡淡地笑了一下。说来讽刺，我爹娘教我学了一身的本领，本是不愿我成为无知妇孺，默然此生，到此刻，却成了我谋生的工具，虽然比起我的技艺，男人们似乎对我的外貌更感兴趣，但也好歹能让我"卖艺不卖身"，虽说名声也便是这样了，但我自己心中也还能留个念想。

不想再谈自己的事情，我便问道："如是姐姐今儿个怎么会来画舫这儿？"

柳如是笑盈盈地说道："对了对了，找你就说这事儿呢，今儿个来画舫的可都不是普通人，你怎的一个人出来了，我还想带你见识一下呢。"

不是普通人？我一下子来了兴致。国难当头，但是来秦淮河寻欢作乐的，无非都是一些酒囊饭袋的富家子弟，都说"商女不知亡国恨，隔江犹唱后庭花"，但这些所谓的男儿又是如何呢？还不是没日没夜地花天酒地？

但既然柳如是说来者非常人，那必定不是等闲之辈。

我于是拿起琵琶，随着柳如是进了船内。

船内灯火通明，秦淮河的佳人都汇聚在此，正在为此中几个年轻人斟酒倒茶，时不时耳语几句，欢笑声不断地传出。

我抱着琵琶寻了个位置坐下，便淡淡地看着眼前的场景，一言不发。那几个年轻人都是一副书生打扮，举手投足间带着一种儒生的气质，也不像一般的公子哥那么粗枝大叶，我细细听他们的谈话，有诗词歌赋，也有当世局势，但除此之外，也并无特色，我有点不解地看着柳如是。

柳如是看出我的困惑，便凑到我耳边轻声说道："妹妹，青楼非久

第一章　董家有女初长成，养在深闺人未识

017

留之地，你唯有名震秦淮，才有得到好归宿的可能。"

我心中猛然一震，暗叹柳如是竟然已经想到了这一层。入了青楼，不论是否卖身，女子的名节都已经被毁，定然再也无法寻寻常人家，倒是这些书生间，说不定能够寻到个如意郎君，也为自己后半身找个依靠。

正想着，一个书生突然之间说道："那位抱着琵琶的美人，可否赏脸给我们弹一曲？"

我回过神来，冷冷地看了他一眼，抱着琵琶，也不言语。

我董小宛虽然现在沦落青楼，倒也不至于为讨好这些凡夫俗子而委屈自己。

柳如是见状，斟了一杯酒，笑着敬那书生，说道："人家可是有名字的，她是董小宛，才来不久。"

"哦？这就是让王生神魂颠倒了好一阵子的董小宛？"那书生饶有兴趣地说道。我皱皱眉头，我知道他说的王生是谁，一个俗不可耐的迂腐书生，满脑子的四书五经，却四体不勤五谷不分，看到样貌美好的女子便晕头转向，不知所言，与那王生对话每多一句，我都觉得浑身难受，如今这书生又是那王生的朋友，我更是不想理会了。

书生见我不理会他，便又搜肠刮肚地想出几句诗来："当真是千呼万唤始出来，犹抱琵琶半遮面，今日一见，真是一等一的美人，难怪王生对你朝思暮想，念念不忘。"

听到这话，我不由得笑了出来，这书生说来说去，也不过是在说一具皮囊，用着不明所以的诗句，称赞着女子，便以为能够得到青睐，当真是无聊之极。

想着，我看了一眼在一旁的柳如是，她无奈地向我摇摇头，也不说话。

第二章

洁若莲花艳若桃，小宛名霞秦淮河

美人自古出秦淮，盈盈笑靥，看尽风流过客，

觥筹交错，多少离愁别绪，空负笑谈中。

第一节　娉娉袅袅十三余，豆蔻梢头二月初

夏日将至，秦淮一带的风中，也逐渐有了炙热的气息，楼里的姑娘们拿起了精巧可人的绢扇，在秦淮的夜中，以扇遮面，媚眼流盼，更显出一丝风情，看得那些公子哥儿心中一阵地痒，若是姑娘们再来一声娇笑，那更是难以言喻的万种风情。楼里的老妈妈们给我们布置了一些好的绸缎，做成了明艳夺人的丝绸衣裳，我虽知道穿上这衣裳，必是与卖笑青楼的命运更为分不开，但那些好看的衣裳终让我无法放下，便挑了几身颜色较淡的，穿在身上，妩媚的气息便从身上散发了出来。

秦淮的夜里，男男女女年轻的身体，不断地触碰，充斥着欲望的笑声流淌在秦淮河的波光粼粼之上，纸醉金迷，然而燕舞莺歌是不会因为这而有所停滞。

来到秦淮已经三月有余，如是姐姐四处奔波，早些时候便离开了秦淮，没了她，我也便没有多少可以谈心的好友，话也更少了，周围的人都说我清高冷淡，说我是"冷美人"，但其实，我也不过是找不到可以聊谈的人罢了。俗话说，话不投机半句多，我自也不必费口舌，与非知音之人结交，倒是如是姐姐走之前的那番话让我在心中多了点思绪。

她说，青楼不是久留之地，但来往文人墨客众多，可在其中找寻如意郎君，说不定能早日为自己脱身。说这话的时候，如是姐姐的眼中，满是高深莫测的笑意。

然而，找到这样的一个人，又是何其的难。

回想起这几月在楼中见到的文人，其中多是凡夫俗子之辈，但也有一些有志之士，然而却始终见不到我心中所想之人，或许是缘分未到，也或许，是从未有缘。我想着，叹了一口气，又翻开桌上的《李太白集》，抛开那些烦扰的思绪，打算读几首诗，好好沉淀一番。

第二章　洁若莲花艳若桃，小宛名震秦淮河

021

这样的早晨很是平常，青楼多是夜晚开门，姑娘们都在早晨时睡眠，因而整个楼便会格外地安逸，唯有窗外的虫鸣窸窸窣窣，让这地方，也不会显得特别地死寂。

我正读着书，门外突然传来一阵急速的脚步声，扰得人心烦。我内心有些不悦。往常白天的时候，整个青楼都是安静的一片，因而我常会在这个时候，看看书，或者练练字，作作画，这些都能让我的心安逸下来，在这喧嚣中不至于迷失方向，然而今天大概是没有这个雅兴了。

"砰"的一声，门被打开了，一个年纪稍长的女人走了进来。楼中的姑娘行事都轻巧小心，敢如此大摇大摆地进进出出的，也就是这楼的主人了。

我有些不悦地转过身，李大娘已经站在了我的身后。今日她穿了一件红色的丝绸衣裳，圆润而壮硕的身体，被衣裳尴尬地罩住，若隐若现。她的头上插满了金灿灿的钗子，试图营造出一种雍容华贵的姿态，然而在我看来，不过是俗之又俗的样子。她的脸上一如往常涂满了厚厚的粉，似乎每一次扯动脸上的肌肉，都会有粉纷纷落落地掉下来。

但奇怪的是，这样一个俗气的女人，却总能将手下的姑娘收拾得漂漂亮亮，娇艳欲滴，她对姑娘们也比一般的青楼要宽容，只要别做得太过，她对姑娘们的小动作，也总是睁一只眼闭一只眼的。

我看着她，问道："李大娘，找我有什么事情吗？"

李大娘笑盈盈地走上前说道："今儿个晚上，有些贵客要来，点名要你为其助兴，你倒是好生准备一下。"

我愣了一下，一股厌恶感从心中猛然漫了上来。我心中知道李大娘所说的"贵客"都是何方人士，他们比起那些酸腐文人更为讨厌，都是一些满肚肥肠的官场人士，来这里纵情寻欢，然而我此刻身在青楼，又怎么能够拒绝与这些人会面呢？我的命运早已不是我自己的，欢笑于谁，悲切于谁，都不是我自己能够决定的。

我轻轻地点点头，说道："好的。小宛知道了。"

李大娘没再说什么，或许难得看到我这么服帖，她的心里也有一点惊奇，但既然我已经应允了，便也没什么心思再多加过问。李大娘又说了几句客套的话，顺带着提起卖身之事，对这事我真心厌倦，也无话可说，便没有言语。李大娘看我的样子，知道我肯定不会同意，便也识趣地出了房门。

我原是做了"卖艺不卖身"的打算进了这楼的，李大娘一开始也很是同意，但近些日来，外面动荡得很，青楼的生意也不好做，李大娘便打起了我身子的主意，时不时地来劝说，希望我能够放下那些虚无的矜持，卖了身子也能够多攒些钱。她知道我身上有债务，便常用这来威胁我，倒也不是明目张胆的威胁，而是假装成好声好气的劝解："小宛啊，你看你身上的债务如此之多，卖了身子，也能少干好几年呢，你天性清高，早还清债务，也好尽早脱身这青楼啊。"李大娘的话在脑海中闪过。对于她的这些话语，我常是笑过，或者用几句话敷衍过去。我年龄虽小，但也明白，若是卖了身子，别说是还债，恐怕今生今世再也不能离开这里了。如今固然辛苦点，但至少还有个盼头。

才想着，外头的阳光已经进来，我干脆打开了窗，让那阳光照进我的房内。

窗外风动，夏花已在逐渐生长，等待着到了盛夏之时，能够一展自己柔美的身段。楼中的姑娘也正如同这夏花一般，亭亭玉立的，只等能够识得她美丽的人而来，然而我们注定不能为唯一的人来展示，"女为悦己者容"，我们却要时时刻刻谨记，努力地讨好这些素不相识的客人。"哎"我轻声叹了口气，将手中的书放下，对着阳光陷入了沉思。

夜晚虽远，但也该好生准备了，李大娘虽对我们尚可，但我不愿卖身的事也多少让她心里不是滋味，我还是该想想，今夜要以何曲目，何姿态出现了。想着，我走到琴旁，随手拨弄着琴弦。

第二章　洁若莲花艳若桃，小宛名实秦淮河

第二节　一曲长歌惊秦淮，色绝八艳董小宛

是夜，秦淮一带便又是灯红酒绿，男男女女相处一室，说不尽的情谊深切，道不完的红尘故事。

媚香楼如同往常一般，满是来往的姑娘与客人。这楼白天的时候，总是宛如处子般静逸宜人，一到夜晚，便成了风尘女子中最为妖冶的一朵，那些娇笑与畅谈的声音充斥在空气中，让你如何也躲避不及，只能任由自己不断地沉沦下去。因而每到夜晚，我都会强迫自己集中注意力，莫要让这夜场中的男欢女爱勾去了魂魄。

我深呼吸一口气，手静静地放在琴上，安静地坐在房间的一旁。

"小宛姑娘。"忽地听到有一声清朗的喊声，我抬起头，向那声音的主人看去。

那是一个二十多岁的青年，长得甚为清秀，一身朴素的衣裳，让他与这奢华场所有着略微的反差，但是他的面容看上去又颇为贵气，应该不是一个平凡之人。我微微颔首，算是应允了那公子。

那公子突然面露喜色，说道："我听闻秦淮河近日来了一位冷美人，名唤董小宛，乃是不可多得的才色双绝的女子，只是性格冷清，不常愿意到这声色场所露面。虽然此次特意托李大娘，一定要将小宛姑娘请来一睹芳容，但心中一直忐忑，怕小宛姑娘不给面子，哪想到今日如此有幸，居然见到了小宛姑娘。"

我微微一笑，说道："公子赏脸来这媚香楼，小宛又岂能不赏脸出席呢？"我原以为今日来这媚香楼的，不过是些酒囊饭袋，如今见到这些公子，多少也都是些读书人，心中情绪一下子好了许多。

那公子脸上满是喜色，说道："小宛姑娘果真是倾国倾城，正所谓百闻不如一见，今日相见，张某真是三生有幸。"

正说着，旁边的一个公子突然笑道："都说天如兄见多识广，早已识遍天下美人，怎么还有漏网之鱼呢？"那姓张的公子忙回道："天下美人何其之多，我张某怎么可能一一识得，倒是今日见到小宛姑娘，以前所见到的美人都不值一提了。"

"公子这话说的，当我们姐妹都不在呢。"身旁的女子轻轻捶了一下他，娇声说道，两颊上满是红霞，说不出的柔媚动人。张天如自知说错了话，忙好言与那女子相说，那女子装作生气，非要让他将眼前的酒一饮而尽，才肯原谅他。这一来一往，倒也炒热了气氛。

我静静地看着刚才与我搭话的那位张公子，原来他便是鼎鼎大名的张天如。虽说尚未取得功名，但是这张天如的名气在秦淮一带也是有所耳闻的，他为人豁达端正，各院的女子都愿意与其结交，只是多年来，也不曾闻他有与院中的姑娘两情相悦的，我猜想他也不会将楼中的姑娘娶回家，这张天如虽然看上去很是好说话，但也是一个心中透亮的主。

说话间，只听得各位公子之间开始谈论外面的局势，一时间，那种欢愉的氛围淡了下去，我这才发现，原来今日来此处的，都不是什么泛泛之辈，而是志怀天下的才子。说来真是惭愧，看到今天楼里几位才情都为一等一的姐姐都来了，来的人必然不是等闲之辈，我居然现在才察觉到。

想着，我坐正了身子，微微一笑，说道："今日不知道各位青年才俊来到这媚香楼，小宛也没有做什么准备，只好献唱一曲《春江花月夜》，为各位公子助兴了。"

原本还在与姑娘嬉笑打骂的一位公子回过头来，笑着说道："素闻小宛姑娘能弹能唱，今日真是有幸了。这该要认真听听。"

我没有说话，将手指放在琴上，手指一动，流畅的音律便从手中倾泻而出。

"春江潮水连海平，海上明月共潮生。滟滟随波千万里，何处春江无月明。江流宛转绕芳甸，月照花林皆似霰。空里流霜不觉飞，汀上白沙看不见。江天一色无纤尘，皎皎空中孤月轮。"张若虚的诗词伴着美妙的琴声，在这秦淮的夜中，如同倾诉着什么长久的念想，扰得人心一阵阵地抽动。

"江畔何人初见月？江月何年初照人？人生代代无穷已，江月年年望相似。不知江月待何人，但见长江送流水。白云一片去悠悠，青枫浦上不胜愁。"我轻声吟唱着，不禁想起了远在家乡的母亲，重重离愁别绪涌上心头，声音中多了一丝凄婉。

一曲终了，原本热闹的气氛静了下来，在席的一位公子说道："此曲只应天上有，人间难得几回闻。"赞叹之意，溢于言表。我谢过那位公子，说道："小宛平生并无长处，只能唱几首小曲，为各位公子解忧。如今在外局势动荡，乱臣贼子当道，民不聊生，但是有了各位公子的宏图大志，这天下必有安宁之日。"

"哦？小宛姑娘也懂这时事格局？"一个穿着青色长衫的公子说道。

我轻轻摇摇头，说道："小宛才疏学浅，哪里知道什么时事格局，只是小宛虽在这青楼中，也看过了许多人间的惨事，对这外面的事情，总算不会是麻木不仁的。"

张天如听到我所言，突然感叹道说："难得小宛姑娘性情高洁，今日一见，果然名不虚传，可惜我那位好友如今正在赴京考取功名的路途上，无缘来与小宛姑娘相见，不然，到真能成了一段佳话。"

"天如兄，你所言的，该不会是冒辟疆吧？"身旁的一个男子含笑说道。

"定生兄果然最为识得我的心意。"张天如赞许到，转头问我说，"不知道小宛姑娘是否知道那位冒兄呢？"

我笑着说道："冒公子的大名，小宛又岂会不知？冒公子心怀大义，为人正直，前些年在金陵夫子庙愤书《留都防乱公揭》，并痛击阉党余孽，四海之内，谁人不知冒公子的威名。"张天如听罢，大声赞叹道："小宛姑娘才德兼备，非寻常人也，冒兄今日无运气，未能见到小宛姑娘，他日我寻到机会，一定要让你们好好见上一面。"

听到这话，我心里止不住地开心。

冒辟疆的名字我在这青楼中早有耳闻，据说他才高八斗，乃是复社中的后起之秀，虽未取得功名，但胸怀大志，绝非池中之物。但是我来这里的时间尚短，这冒公子又一直在为科举之事而费心，已有许久没有来秦淮，因而一直未能见上一面。

想着，我便说道："得闻冒公子的大名，小宛一直想与之相见，但无奈小宛来这秦淮时间尚短，资历较浅，一直未能见到冒公子，如果张公子愿意为小宛引荐，那是再好不过了。"

　　张天如听了这话，开怀地笑了起来。而我的内心，也不禁有所动荡。

第二章
洁若莲花艳若桃，小宛名震秦淮河

第三节　身出淤泥而不染，貌濯清涟而不妖

那日媚香楼的聚会之后，日子又回到了平常的样子。

复社的公子们还是会时不时地来到媚香楼，畅谈国事，同时也寻欢作乐，以求一时能够忘却世间的烦恼。这段时间我才突然发现，自己原是如此的无知与大意。媚香楼虽说是妓院，但往来人士中大有文人墨客，而我一直自怨自艾，坐井观天，未曾发现这些人，心中一直烦恼着李大娘总是将那些酒肉之人给我，让我服侍。但如今想来，我得罪李大娘的地方处处皆是，她必然不会给我好果子吃，我如今完全是在自作自受。

想着，我不禁叹了一口气，手拨弄着琵琶，身上却全无力气。前些日子，张天如许诺要为我与冒辟疆寻到机会相识，到如今依旧未有消息，我心中焦急，每一日都想尽早能够脱离这青楼。

"小宛。"一声柔美的女声响起，我回头望去，楼里的李姐姐正站在我的门口，脸色有些难看。

我不知发生了何事，忙起身将李姐姐引入到房中。

"有什么事吗？"我问道。这位姐姐是这楼里少数能与我聊得来的姐妹，她在这楼中也待了有许多的时日了，也曾有过公子与她两情相悦，但是多年过去，也未见那人来接她离开这污秽之地。我们心里都清楚，这注定是无法成为一段才子佳人的故事了，但是李姐姐却依然笃定地等着那位公子，也无心接客，让李大娘不满了很久。

因而我心中对她总算是有些同情的，青楼女子的日子不好过，世人都说"婊子无情，戏子无义"，入了青楼的女子便是"无情的婊子"，但又是否想过，但凡有一点的办法，哪个身家清白的姑娘，会愿意作践自己，将自己往这藏污纳垢的地方送呢？

李姐姐消瘦的脸颊露出一丝苦笑，对我说道："妹妹，听说前几日

乌衣巷的朱公子邀你前去助兴，你拒绝了？"

我愣了一下，寻思了一会儿，总算想起一张庸俗的脸。那朱公子是乌衣巷的爵爷，典型的官家子弟，前几日说是在家中请来了贵宾，想让我去助兴。我原本就不喜欢与这些所谓的达官贵人为伍，便找了个借口，退了那次邀约。

这该是一件平常的事情，往常我推托的客人也不在少数，李大娘对我的做法虽然颇有怨言，但看在我们门庭客人多的分上，也不多加干涉，但李姐姐怎么会突然提起这件事呢？

还未等我发问，李姐姐突然叹了口气说道："小宛妹妹，姐姐知道你性格清高，不屑与这些人为伍，但是你若再是这样的得罪权贵，李大娘她们也会很为难的。"

我怔住了，转念一想，冷冷地问道："姐姐，是李大娘找你来做我的说客？"

李姐姐苦笑了一下说道："你冰雪聪明，我也不想瞒你什么，李大娘的确是托我来做说客，今晚朱公子在家会有聚会，你若现在去，还来得及。"

我冷哼一声说道："我董小宛现在虽然沦落风尘，但也还能决定愿意与何人结识，我不愿意的事情便是威胁我也不从。"

李姐姐无奈地摇摇头说道："小宛妹妹，你与他人不一样，就算是在这媚香楼里，也总能保持自己的一颗心，不被金钱与权力迷惑。但是你要想清楚，你的卖身契现在仍在李大娘的手上，若是惹恼了她，你怕是没有好果子吃。"

我沉默了。这一点我又岂会不知，李大娘何等精明的人，怎么会任我意思呢？媚香楼有如今的成就，与那些达官贵人有密不可分的关系，只可惜这些人多是些酒囊饭袋，也难怪如今世事动荡，却盼不到人来扭转这乾坤，天下命脉都掌握在这些人的手里，又怎么会有转机的可能呢？

正想着，李姐姐又说了："而且妹妹你大可不必一竿子打死一船人，这些公子哥儿的聚会中，说不准就能找到你愿意比翼之人。"我听完这话，不禁苦笑。正所谓物以类聚，在这些人之中，又怎会出现我所心仪之人呢？这也是我不愿意与他们结交的缘由。

第二章　洁若莲花艳若桃，小宛名震秦淮河

李姐姐突然之间握住我的手，声音中带着哀求的意味："妹妹你就听我一次，去朱公子的宴会吧。"

我皱皱眉头，不知道李大娘到底用了什么手段，让李姐姐如此低微地哀求，然而面对这样的李姐姐，我终也无法拒绝她的请求，只好默默地点头，表示答应。

李姐姐的脸上立马显示出了无比的喜悦之情，似乎有点难以置信地问道："小宛你真的答应了？"我苦笑着说道："姐姐你的要求，小宛又有什么拒绝的理由呢？只是小宛本也不愿意与这些附庸风雅之人相交，只希望下一次，姐姐你不要再做说客了。"李姐姐听完我的话，没有再搭腔，简单地交代了几句之后便离开了房间。

晚上的宴会，我心里默念着，转头看向窗外，太阳已开始西沉，秦淮河上落满了倒影。也顾不上梳妆打扮了，我忙叫了几个丫头进屋，帮我整理了下衣裳，又略施粉黛，便抱着我的琵琶匆匆出了门。

夜幕渐渐降临，媚香楼又像是活了过来一般，开始在这黑夜中展露她妖娆的身段。我很少在夜晚的时候出门，今日出门，总觉得心中像是有块沉甸甸的石头死死地压着，说不出的诡异与难受。我尽量将自己内心的不安挥散，在丫头的搀扶下上了车子。

车子一路颠簸，宛如我心中一样的七上八下。同行的小丫鬟似乎看出了我不安，问道："董小姐，你怎么了？身体不舒服吗？"我勉强笑了笑说道："白天没有休息好，晚上就觉得有些累了，没有其他的事情。"那小丫鬟点点头，算是知道了，便坐在我身边不再言语。

夜幕降临秦淮河，朱公子的宴会看来我是一定会迟到了。我虽然不喜欢赴宴，但是也不愿意失礼于人，于是便催促车夫快点。车夫听令，马儿便小快步地小跑了起来。

第四节　骨骼清高不媚笑，老妓不屑客不悦

　　尽管是在乱世中，达官贵人们依旧不愿意放弃自己的奢华生活。一下车，便能感受到连空气中都弥漫着奢靡的风气。这朱公子的府邸，虽也是官宦人家，但却与媚香楼无两样，觥筹交错，交织着说不尽道不明的利益与阴谋。"朱门酒肉臭，路有冻死骨。"我轻声说道。身边的小丫鬟疑惑地问："董姑娘你在说什么？"我淡淡地笑了一下，说道："没什么，你快去通报，就说媚香楼的董小宛前来拜见。"

　　小丫鬟点点头，便去了。

　　我站在朱家大宅的门口，看着悬挂在门上的红色灯笼，不禁想起了当年我与娘所住的那间宅子。那是我爹为了我们娘儿俩所特意建造的屋子，他知道娘喜静，也希望我的性情能够寡淡些，遂特意挑了那僻静之地，专门建造了那个宅子。然而我终是辜负了爹的期望，没能嫁到一个好人家去，反而是入了青楼，整日陪酒卖笑，以下贱的工作换取谋生的机会，爹见我如此，定也难以安息。

　　我想着，紧紧地咬紧了下唇，眼泪在眼眶中打滚。不行，不能再回忆这些事情了，我内心呐喊道，忙断了自己回忆的路子。正在这时，去通报的丫鬟回来了，她看看我，有些担心地问道："董姑娘，我见你今日气色真的不好，朱府里面的宴会已经开始了，要不我们还是回去吧？"

　　我摇摇头说道："我已答应了人，又怎么可以反悔？"说着便向着朱府走去。我出身青楼，身份低贱，自然是不能从大门入的，府里的下人便带着我们从后门进去。尽管前门是如此的热闹，朱府的后院却是寂静得让人心里发虚。那下人时不时看看我们，眼中的意味也让我很是不适。丫鬟抱着琴走在我身边，安静得能够清晰地听到三个人的脚步声。

　　渐渐能够听到嘈杂的人声了，我心中暗想，总算是到了大厅。再走

了几步，已经能够看到隐隐约约的人影在闪动。几道光线从屋内射出，照亮了我们跟前的路。

"媚香楼的小宛姑娘到了。"那下人突突地喊道。

我忙走上前，一眼扫过房内的人，面露微笑，行礼道："小宛迟来，还请各位公子恕罪。"

满满一屋子的人，其中也有一些我认识的老客人，他们都看向了我，似乎很是惊讶我今日居然会来这地方。

"小宛姑娘愿意来，已经是给了朱某大面子了，又怎么会责怪姑娘呢？"朱统锐站了起来，说道。我看向这个男人，他长得非常高大，脸上因为兴奋而泛着红光，或许是刚刚喝下了美酒，他的眼神中带着迷离，却又不乏锐利，如同猎人看着猎物一般地看着我。

我对他的邀请推三阻四，早就已经让他怒火中烧，如今又迟迟才来到这宴席上，怕他心中早已经气炸了。我笑着讨好般地说道："朱公子的宴请，小宛怎有不来的道理，只是小宛近日身体抱恙，不好带着病体来服侍各位公子，遂一再推迟。今儿个刚觉得身体好了点，便忙着赶到贵府，迫不及待地要与各位公子相见。"

那朱统锐听了，高深莫测地笑了一下，便对身旁的下人说："还愣在这里做什么，还不快请小宛姑娘入座？"那下人连连点头，引着我坐在了朱统锐的身边。我心中倒是有些讶异，我的身份低微，本不应该坐在主人的身边，这样安排我的座次，不知是何意图。

"小宛姑娘。"朱统锐说道，"难得小宛姑娘愿意来到寒舍，我作为主人，要敬姑娘一杯。"我不由得皱皱眉头，先不说我一贯都不愿意喝酒，我的身份低微本是不能登大雅之堂的，他现在有意奉承，反而让我觉得浑身不舒服。

于是我便说道："小宛自知不胜酒力，往常宴会时也从来都是滴酒不沾的，朱公子的盛情，小宛只能心领了。"那朱统锐的脸色瞬间阴沉了下来，眼神中满是阴冷的光。我假装自己未察觉到，笑笑说道："小宛倒是对诗词琴画有些研究，待会儿各位大人若是乏了，小宛愿意献丑，为大人们解忧。"

席中的人纷纷称好。朱统锐也不好说什么，便坐了下来，不再理睬我。

我心中倒是舒了一口气。我原本就很不擅长应付这些宴会，此次全是因了李姐姐的面子才来的，有些不情不愿的，我静静地坐在席间，不声不响，看着他们相互交流，仿佛我本来便不属于这个世界。

"那些复社公子，在我看来，不过都是些庸俗之辈。"突然，席间一人的话吸引了我的注意力。我不自觉地转过头看去。说这话的是一个富家子弟，姓陈，生得肥头大耳，一脸痴相，也曾参加过乡试，但一直未被录取，考了几年之后便也放弃了，留在家中吃家里的老本，倒也安然地度过了几年。前段时间在媚香楼有过几面之缘，乃一庸俗之人，媚香楼的姑娘多少都读过书，有些才情，都不爱搭理他，几次过后，他来媚香楼的次数也少了，据说是迷上了另一家青楼中的姑娘，天天缠着人家，甜蜜得很，自然也就忘了在媚香楼受到的冷遇了。此时陈公子穿着一身华贵的衣裳，脸涨成了猪肝色，估计也喝了不少的酒，在说话的同时不断地挥着手，我猜大概是醉了吧，才敢如此高谈阔论。

席间有人听了他的话，也不禁讪笑道："陈公子你此话是否有偏颇，民间可都说那复社公子都是一等一的人才呢。"那陈公子不屑地笑了一下说道："愚民的话我们这样的人怎么会放在心上，那些所谓的复社公子，也不过就是在这乱世中逞一时威风，你看着，过不了几年，这些人都没有好下场。"

席间人笑笑，也不反驳，那陈公子似乎感到受了支持，便更是变本加厉地说道："放着有福不享，偏要去搞什么活动，这不是在给自己找罪受吗？这天下大局是这么几个人能够挽回的吗？不知道天下再大，也是朝廷的吗，朝廷说没事，自然便是没事了。"

听完这话，我不禁冷冷地一笑。一旁的朱统锐注意到了我，便问道："听说这些人倒是经常在媚香楼聚会，不知道小宛姑娘是否见过？"

我原本不想搭理，但此时他是主，我是客，自然不能太过不给面子，便干干地说道："倒是见过几次面。"

那陈公子一听，满脸兴奋地问道："是否也是像我说的这般？"

我冷笑着说道："小宛愚见，倒都是些心怀大志的风雅人士，在学问上都多少有些造诣。"

那陈公子忙说道："小宛姑娘年纪尚小，还不懂这世间的许多事情。

那些复社公子，不过是看你们涉世未深，便仗着自己一点才气，在你们这媚香楼里逍遥。"

我心中不禁有些恼火，说道："小宛的确见识浅薄，但是非好歹还是分得清的。小宛才疏学浅，但谁是人才谁是蠢材心中还是透亮的。"此话一出，我自己也感到不妥，这话不就是说陈公子不识好歹了吗？果然，陈公子的脸色一变，不再说话，但能明显感觉到他的怒气。

朱统锐也深感到不悦，我更是感到如坐针毡，宴会结束后，便托身体不适，早早回了媚香楼，走时怎么也忘不掉朱统锐难看的脸色。

今夜，果然就不该来这厌人的场子。我心里想着，明日李大娘知道我今晚的状况，恐怕又是要一番说的了。

第五节　佳人负气归半塘，厌弃喧哗独幽居

然而事情却比我想象的严重许多。

第二日天亮，我用完早膳，便在房内看书。对于一般人家来说，这个时辰早就应该起床做活，但对于我们青楼女子而言，此时因还在梦乡之中，想来我也算是勤快了，总爱早起看书，若不是因为昨晚参加了那烦人的宴会，今儿个应该能起得更早些，将那《花间词》读完，还能再画上一幅夏日晨曦图。

正想着，便听到外面一阵急促的脚步声传来。我心中微微一沉。昨晚的事情，怕是楼中的人都知道了，今日李大娘定是不会饶我了。但是我心中也无畏惧，她一向清楚我的性子，知道我会做什么事情，这朱统锐的晚宴我本就无心参加，若不是她使出了什么办法，让李姐姐来做说客，我昨晚定然不会去的。

我让自己平静下来，等待着应付李大娘，却不料门一开，进来一个孱弱的女子。我愣了一下，是李姐姐。此时的她面色红润，但不是因为调养了身子，而是匆匆行走所造成的潮红。我有些惊讶地问道："李姐姐你怎么来了？"

李姐姐缓了缓气说道："妹妹，听说你昨夜参加朱公子的宴会，不欢而散？"

我愣了愣，问道："怎么会传到姐姐的耳中？"朱统锐要算账也应该会找李大娘，怎么第一个来找我的反而是李姐姐？

李姐姐见我没有否认，似乎很是讶异，脸上难得的血色迅速地退去，痴了一般地看着我，过了老半天才突地说了一句："原来是真的……"

我有些急了，问道："姐姐这到底是怎么回事。"我心里隐隐约约感到这事情不是看上去这么简单，心中有些不好的预感。

第二章　洁若莲花艳若桃，小宛名震秦淮河

035

李姐姐苦笑着摇摇头说道："这不是你的错，都怪我自己。我知道你的性子是不受人束缚的，却还是为了自己的私利，用你我的关系，强让你去朱公子的宴会，才会变成现在这副模样。"

我听得云里雾里，正想接着问，突然一个念头闪过我的脑海，难道李姐姐的情郎，正是朱公子相识之人？

还没问出口，李姐姐便苦笑着说道："朱公子原本答应我，若是能够劝得你出席，便帮我与他相见，但是现在看来，这已是奢望。"

我顿时觉得天旋地转。我竟然因为一时之气，而破坏了李姐姐的希冀！

我忙想道歉，李姐姐却抢在我面前说道："妹妹你不必有任何的自责，此番我因为自己的自私，明知道你不愿意，还让你去了那朱公子的家中，这一切都是我自找的。"

我看着李姐姐，满是心痛，禁不住将心里的话全都说了出来："姐姐你又是何苦呢？你的那位公子，若是对你还有心，早就该来找你，为你赎身，将你带回家了，怎还会让你在这青楼之地等待至今？他不来找你，早就已经是将你忘记，你又何必作践自己，仍如此痴痴地等他？"

李姐姐惨白的脸上露出一丝悲苦，说道："小宛妹妹，你的年纪还小，还未遇到那个可以让你放下一切的人。等你真的遇到了那个人，你便会跟我一样，茶饭不思，寝食难安，心中只有他的一切，我倒宁愿你不要等到这个人。"

"如若他对我不好，我又何必等他？我董小宛一定会找到个相恋的人，绝不自己独尝相思之苦。"我说道。

李姐姐点点头，说："还是小宛妹妹有志气。"说着，用她瘦弱的手轻轻抚摸着我的长发，说道，"你冰雪聪明，才貌双全，这是你的福气，但难不成也会成为你的苦难，姐姐只希望你此后不管遇到什么事情，都要好好爱惜自己。"

我愣了愣，总觉得她似乎话中有话，还没来得及问出口，又一阵脚步声由远至近，转眼便进了我的房间。

那脚步声的主人，便是这媚香楼的主人——李大娘。

李大娘一进屋，看到李姐姐在我房中，满是怒气的脸上有一瞬间的诧异，但很快就恢复了以往的平静，狠狠地盯着我说道："董小宛，听说你昨日在朱公子的家中说了不少惊世骇俗的话啊？"

所谓的祸从口出说便是这样了吧，我定了定神，刚想说话，李姐姐又抢在我前头："李大娘，这事儿怪我。"李大娘疑惑地看了她一眼。我忙上前说道："一人做事一人当，我知道昨天得罪了朱公子，若是有什么惩罚，就让我一个人承担便好。"

李大娘冷冷地笑了一下说道："你倒好生有骨气，我这青楼的生意被你败坏了，得罪了老主顾，是你能够承担得起的吗？你不要自视甚高，真以为自己还是什么好人家的闺女，你入了这青楼，便已经没有什么名节可言的了，别还不识抬举。"

李大娘的这一番话刺痛了我的心事，我也不禁怒道："你不过是做些下三滥的生意，到还真的觉得自己是个角色了？那些所谓的达官贵人，也不看看是什么样子，便尽往我这儿推，你说的没错，若不是我家中有困难，我又怎么会自甘堕落到你这地儿？这楼中有哪个姑娘是心甘情愿往你这儿跑的？"

李大娘冷冷一笑说道："你若是看不上我这地儿，你走便是了，我这小小地方也供不起你这座大佛，但你也要按照你的卖身契办事，你离开我这儿多久，该给我多少钱，你也该知道。"我愣了一下，她必定是吃准了我身上债务繁多，万不能离开这地，才会说出这样的话。我当时便已气极，加上又被戳到了痛处，便一气之下说道："走便走，我董小宛还不至于没有这点骨气，欠你钱我自然会还，但你这破地方我也待不下去了！"

说罢，我便转身不再看她。李大娘此刻也甚是生气，转身走出了我的房间。此时，我们的争吵已引起了楼里其他姑娘的注意，她们纷纷从自己的房中走出，看着我们这出戏，相互之间窃窃私语，倒也都不来打扰。我便嘱咐伺候的丫鬟帮我整理行李，过几日便准备启程回苏州。

一旁的李姐姐似乎是吓到了，看着我说道："小宛妹妹……你这是意气用事啊。"

我摆摆手说道："我早就想着要离开这讨人厌的地方了，姐姐你放心，这日子总能过下去的。"说着，又看了一眼李姐姐那张憔悴的脸，小心翼翼地问道："倒是姐姐，你还要继续等他吗？"李姐姐沉默了一下，坚定地点了点头。

我不禁一阵叹息。

第三章

游山玩水伴名士，佳人心于山水间

相见时难别亦难，东风无力百花残。

红尘喧嚣停不住，离去奏淮归半塘。

第一节　母病告急无去处，唯有再入青楼间

去了秦淮，仅仅不到一年的时间，我居然又回到了半塘。

此时的半塘已有了春意，天气也渐渐地暖和起来，树上的枝丫开始生长，柳枝也开始长出新的叶子，一片绿色映入了人的眼帘，说不出的清新自然。

我回到半塘，娘没有质问什么，只是在见到我之后淡淡地说了一句："你若是早点回来，我们便可一起过春节了。"

春节时，我正在路上，绵绵的雪铺天盖地而来，让我看得入了迷。纯白的雪花打在我身上时，我甚至有一种周身都要被净化的感觉，然而当融化的雪终究变作一摊污水时，我才恍然大悟。这世间又有什么人是完全干净的呢？红尘纷扰，早已将人心扰得零落不堪，我早已深陷泥潭，那些清高与自傲，在旁人看来，只会觉得好笑吧。

半塘的房子，与我离去时并无二样，只是显得更加清幽了。娘说，我走之后，这半塘便更加地没了人气，因为战乱，附近的许多人也都离去，到现在所剩下的也不过是几口人家，幸而她天生喜静，也不觉得寂寞。

我微微笑着，没有作声，将娘扶进屋，又将自己的东西放置好，才坐在娘的身边，与她慢慢说话。

"娘，您的身子怎样？"我问道。将近一年的时间未见，娘看上去更加瘦弱了，似乎一阵风都能将她吹倒，看得我心中一阵痛。我摸了摸她的手，已经瘦得能够摸到骨头了，她的皮肤惨白，没有丝毫的血色，只有那乌丝，还能隐约看出她曾经是一个何其美丽的人。

娘轻轻地咳了两声，说道："原本不好，但是见到你回来了，我安心了许多，觉得身子也好了许多。"我淡淡地笑笑，心中一种温暖。这世上视我如草芥的人多是，但唯有娘会一直将我当做心头宝，言语之间

第三章　游山玩水伴名士，佳人心于山水间

041

都是宠溺。

"在秦淮，受委屈了？"娘问道，眼神中满是慈爱。

我愣了一下，昔日在秦淮的遭遇全部上了心头，终是忍不住情绪，泪水滚滚而下。

"白儿不委屈，是白儿自己不好。"我喃喃说道，不愿抬头看她。只有在娘的面前，我还可以用"董白"这个名字，也只有在娘的面前，我才能不是那个风尘女子，我才能回归为那个天真善良的女子，依偎在娘的怀抱之中。

娘轻轻将我揽在怀里，就像儿时我悲伤恐惧时一样，轻拍着我的肩膀，柔声说道："回家也好，回家也好，这家只要有娘在的一天，便会一直等着你归来。"

我点点头，任由泪水流淌。

娘拍拍我的背说道："不能一起过春节是可惜，但是还好，你这次回来，倒是能过生辰了。"我愣了一下，在外飘零得久了，我早已记不住自己的生辰，也只有娘还记得吧。

我破涕为笑道："娘你还记得呢？"娘笑着说："娘还不老，自然还记得，待到那日，娘给你做些好吃的，去了秦淮这么久，该想家乡菜了吧？"我点点头，这近一年的时间里面，第一次感到如此的开心。

然而天不遂人愿，我的生辰还没到，娘就病倒了。

那日我正在院子中与娘谈笑，可能是因为春日时节到了，院子中的柳树长开了，柳絮也在风中纷纷扬扬。我刚想与娘说我想起一句"未若柳絮因风起"，娘突然猛烈地咳了起来，她捂着自己的胸口，似乎心在下一瞬间便要跳出来一般。我连忙喊了丫鬟进来给娘倒水，但娘却咳得连水也喝不下，我只好和丫鬟将娘先扶进了屋内，扶她上了床，过了好一会儿，娘才缓了过来。从那之后，娘咳嗽得就更为厉害了，有时候甚至会咳血。我心中很是焦急，忙请来了附近的郎中为娘整治。

我原本以为只是一般的风寒，休息几日便好了，但是请来的郎中先生却打破了我的侥幸。

"先生，我娘的病情如何？"郎中从房中走出，我忙拦着问道。娘轻微的咳嗽声从房内传出，听得我心中一阵发虚。

郎中先生抬眼看了看我说道："你娘这病拖了许久了。"

我皱皱眉头说道："我娘从很久以前，身体一直不好，但一般都是小病，养着就好了，唯有这次来得特别严重，是因为这天气变化了吗？"

郎中若有所思地说道："你娘原本身体就不好，又因为忧思而成疾，这些日子以来也没有好好地调养身子，我是束手无策了……"

我怔住了，只觉得自己一瞬间便坠入了冰窖。娘是我在这世上唯一的亲人，我觉得不能让她出事。我忙拉住郎中说道："不会的，先生你一定有办法治的，要多少的银两，我都给，只要你能帮我治好我娘，我什么都愿意做。"

郎中看看我，叹口气说道："是，的确是有办法治，但是这些药材十分昂贵，现在兵荒马乱的，估计价格又会涨了不少，老夫不是没有看到你们的情况，只是这药方……"

"先生您只管给我娘开药便好了，钱的事情我能解决。"我说道，手心有些发冷。

郎中先生迟疑了一下说道："我会帮你娘治病便是，只是……"他又犹豫了一下，终而叹了口气说道，"董小姐，莫要太委屈自己。"说罢，便收拾好药箱，准备离开了。

我没有说话，默默地点点头，目送郎中先生离开了屋子。

我虽答应了郎中先生，但此时自己心中却全然没有底。没有收入，从董家带出来的财产，这一年还债，给娘看病，也已经花费了不少了，我再是没有心力能够找到钱了。想来这地方也没人愿意再给我们董家借钱，虽说我也不乐意去借。

窗外的柳枝飘动，我却已经无心欣赏这样的美景，满是愁绪涌上心头。我虽是到秦淮走了一通，然而面对这些变故，我依然无法圆滑地处理，太多的担子压在我的身上，让我总感到喘不过气。到底要到何时，我才能遇到那个能够与我共同承担的人，要到何时，我才能找到一个依靠？

如果……重新回到青楼呢？突然冒出的念头，让我自己都吓了一跳。但如今看来，这似乎是唯一的办法了，我咬咬牙，下定了决心。

第三章 游山玩水伴名士，佳人心于山水间

第二节　冒郎秦淮寻小宛，美人已归半塘去

春意盎然，我的心却始终悲凉。

不知不觉中，我的生辰也已经过去，但是因为我娘的病，我们谁也没能记得这件事情。我在半塘的青楼安置了下来，又重新过回了在秦淮时的那种日子。半塘是小地方，老鸨为人尚且厚道，又因为我在秦淮有不小的名气，是个一等一的摇钱树，那老鸨见到我便是呵呵地笑，止不住地开心。我心中虽然厌弃，但今时不同往日，娘所需要的药材，皆不是凡品，我只能倚楼卖笑，尽早赚到给娘治病的钱。

在青楼中待了一个多月，总算是有时间回家看看我娘。我的居所，如今已被郁郁葱葱的绿意所掩盖，若是不认真看，可能真的会找不到房子在何处。屋外的枝头有鸟儿伫立，不断地歌唱着。我看着那些欢快的鸟儿想到，若是人有来生，我一定要做一只自由的鸟儿，不管这世间繁杂的事情，只管快乐地生活。

正想着，就看到小丫鬟从娘的房间里出来，手上还端着给娘洗漱的热水，见我愣愣地站在门口，脸上露出难掩的喜色，上前便说："小姐，你怎么回来了？"

我笑着道："这是我家，我还不能回来吗？"

小丫头忙放下手中的盆子，摆手说道："当然不是这个意思，小姐你难得回来一趟，我和夫人可都十分想念你呢？"

我摸摸这丫头的脑袋，便进了屋。

娘依然卧病在床。郎中的药倒是有些用，娘没有像之前咳得那么厉害了，只是身体也不见得好了多少，只是拖一天是一天。

"白儿，你回来啦？"娘见我进屋，忙想要从床上坐起来，但无奈身上没有力气，如何也支撑不住。我见状，忙上前将娘扶了起来，一边

说道："白儿回家有什么稀奇的，您好好躺着便是了啊。"

娘的脸上有一丝笑容，认真地看了看我，眼神突然黯淡了下来，问道："你穿的，是青楼的衣裳？"

我沉默，点了点头。

我在家中已经没有几件能够穿出门的衣裳，现在的衣裳都是楼里的老鸨为我置备的，我急着回来见娘，便也没有细想，穿着这些艳丽的衣裳便回来了，娘看了，心里一定在难受。

"哎。"娘叹了一口气说道，"我的白儿，真美。"

我知道娘心里不好过，便想转移话题，说道："娘，您身子如何了？"

娘淡淡地说道："好上许多了。"说着又看向我，眼中是满满的怜悯，"只是可怜了你了……"我笑笑道："不会啊，女儿觉得日子还不错呢。"

只要娘能够在我身边，我便觉得一切都无所谓了。

正和娘在闲话，小丫头走了进来，将手中的一个信封递给我说道："小姐，您这次回来得真是时候，这是从秦淮送来的信，我还一直想该怎么交给你呢。"

秦淮？我愣了一下，接过信，仔细地观察了一下，是李姐姐寄给我的。

为什么她会给我写信？我心里满是疑惑地打开了信封。

信只有短短的一页，李姐姐漂亮的小楷一如往常地让我感到敬佩，前面说的都是些楼中的琐事，我走了之后，李姐姐也想通了，不再痴痴地等她的情郎回来。有一个商人愿意为她赎身，再过不久，她便会嫁给那个商人做妾，也算是有了一个归宿。

我看着，有些唏嘘，但也为李姐姐终于能够放下过去而感到高兴，然而信中却有一句话吸引了我。

"妹妹，有件事情，姐姐要告诉你。你走之后，冒辟疆公子曾经来过媚香楼找你，但是你已经回了半塘。"

冒辟疆！我又读了一遍，是冒辟疆，他去秦淮找我了！我的内心仿佛一石激起千层浪，难以平静。一种难以言喻的喜悦在我的心中腾升而起，我不敢相信地再看了好几遍，确认那上面写着的是"冒辟疆"三个字，不禁高兴得将手中的纸抖动了好几下。

娘看我的样子，疑惑地问道"怎么了，这信上写了什么？"

我的脸颊已经绯红，他居然真的来找我了，他真的来找我了！心中的小鹿四处乱撞，那种兴奋一扫我近日的低迷，若不是娘在身边，我怕是要从凳子上跳起来了。

娘看看我，突然笑着问道："是有关你意中人的？"

我愣了一下，明显感到脸上的温度在迅速上升。"娘你说什么呢？"我不好意思地说道。

娘笑笑说："白儿也是长大了，想当年娘也差不多是在你这个年龄遇上你爹，你也是时候有个心上人了。"

娘这话说得我面红耳赤，但女儿家的羞涩却也让我口齿变得笨了，明知道娘是在挤对我，我也说不出反驳的话，只能一跺脚，说："娘您再乱说，白儿就回去了。"

娘被我逗乐了，说道："娘不说就是，你难得回来一趟，当然要多陪娘一会儿，娘可舍不得你走呢。"

这是我这阵子最可乐的事儿了吧。我想着，不禁无奈地叹口气，可惜啊，我在秦淮的时候，他正在参加科举的路上，待他终有时间能够去秦淮，我却早已回了半塘，人说的"有缘无分"莫过于此。

倒也真该谢谢张天如那些公子们了，他们定在冒先生面前说了我不少。这么一想，我突然感到自己当日在朱府所做的一切都是正确无比的，心中猛然大悦。

"娘，难得我今儿个回来，孩儿晚上给您做些好吃的吧。"我说道，脸上是掩不住的笑。

娘见我开心，心情也好了不少，说道："好，娘想吃你烧的东西许久了，可惜你一直不在家，你现在会哪些拿手小菜？"

我想了想说："孩儿今日学了一道新菜，名叫鱼肚白鸡，今晚就做给娘尝尝。"

娘听了，笑着说道："这菜名有意思，我倒要好好地品尝一下。"

再说了几句，我便将信放在房中的抽屉内，服侍娘吃了药，重新躺在床上，然后就带着小丫鬟去为今晚要做的菜而作准备了。

第三节　冒郎半塘寻小宛，美人已至太湖边

都说"民以食为天"，对于我而言，美食不仅仅是为了"吃"，也是"艺"的一种。制作食物的过程，总是能够让我体会到非凡的快乐，因而在秦淮时，我便常常外出拜访名厨，与他们交流学艺。还好我做的吃食一直很受客人的欢迎，李大娘才能心甘情愿地让我这样到处拜学。

难得在家，我便准备多做几个拿手小菜，让娘尝尝，第一道就是爆炒文蛤。"雨韭盘烹蛤，霜葵釜割鳝；生憎黄鳝贱，溺后白虾鲜。"准备食材时，我不禁地念了起来。这几句是我平日里烹饪而总结出的菜谱，文蛤是天底下最为鲜美的东西，但与一般人做菜一样，我在做这道菜时，喜爱用雨夜过后韭菜做配菜，这样做出来的文蛤，便是格外的鲜嫩可口。一旁的小丫头听了，好奇地问道："小姐，这是什么诗啊？我怎么没有听过。"我笑道："这不是诗，是我记录的菜谱。"

小丫头睁大了眼睛，惊讶地说道："菜谱？菜谱居然也可以像诗一样。小姐你可以教教我吗？"

我好笑地说道："平日里叫你多读点书，你总是找借口偷懒，这时候倒是想起来要学了？"丫鬟吐吐舌头，说道："小姐你难得回来，但总还是要走，我若是能念两句诗，平日里也能跟夫人说上几句，不会特别地寂寞。"

小丫鬟的这句话让我愣了一下。我不在家的时候，娘一个人一定非常孤单，她生平最爱与人吟诗作对，但自从家道中落，便也没有这样的机会，能够让娘体会这样的生活了，想来我也真是不孝，居然都没有察觉到这样的事情。

我想着，对小丫头说道："也好，我这一趟回到青楼后，也不知道什么时候能够回来，好生教你几句，你学学，也可以跟我娘说说话。"

第三章　游山玩水伴名士，佳人心于山水间

047

丫头一听，乐得直蹦，年轻的面容看上去特别地青春漂亮。

我笑了笑问道："说起来，你也长这么大了，有没有什么中意的人，有的话便早点告诉我娘，也好让她老人家给你做个主。"

小丫头原本还兴高采烈的，一听这话，立马羞红了脸，说道："小姐你说什么呢，我还是小婴儿的时候就待在了董家，我要服侍你和夫人一辈子。"

我看着这个单纯善良的丫头，心中满不是滋味。

从我记事起，这孩子就一直待在董家了，她的父母都是董家的下人，所以她也是董家的下人。当她还小时，她的父母便双双过世，我娘怜悯她失去双亲，便将她留在了府中。这孩子也当真忠心，当日我家败落，我爹去世，所有的下人、工人都纷纷逃跑，只有这个小丫头说什么都不肯离去，最后留在了这里照顾我娘。

但是我家的情况，早已不是当年的样子，如今我落得青楼，所能挣得的钱大部分都要交给老鸨，好不容易剩下的钱也只能勉强维持生计，加上欠下的债务……

想到这里，我不禁叹了一口气，这丫头若还在我家，必然要吃更多的苦头。我不怕苦，却很怕连累这个小丫头。

丫头见我脸色变化，知道我又想到了什么事情，她也猜不透，小眼珠一转，问道："对了，小姐，你此次带回来的刺绣也很美，我也想学，在家中也能做些手工活儿，补贴补贴。"

我笑笑，这当真是个懂事孩子，我家原是开绣庄的，我自然从小便学了女工，也对这门技艺有着非常深厚的兴趣，时间久了，居然也能拿上台面。我便在闲暇的时间里，也做做女工，来补贴家用。

"也好，你虽然活儿还不错，但总少了那么点韵味，我教你便是。"我说道，那小丫头乐得咧开了嘴。

这一日的夜晚，是我这么多时日见到娘最开心的一次。我总希望她能够忘却我们家门的不幸，然而这又是何其的困难。小丫头说，娘有时候会一人坐在庭院中，不声不响地待一天，我猜那必定是她在想从前的事情了。

香味已经从锅里溢出，我忙将文哈盛盘，让小丫头端到房里去。

是我不孝，才没能让娘过上好的生活，但至少此刻，我依然可以给她一点安慰。我想着，决定要让娘尝到一顿最好的晚膳。

第二日，我便回到了青楼。老鸨看到我，明显有些不悦，但是看在我是"摇钱树"的分上，也不好与我拉下脸，只能皮笑肉不笑地看着我，尴尬地问候着。

但是不说两句，心中似乎又不舒畅，便假装亲昵地说道："小宛姑娘啊，你出去这么久还没有回来，我可真是担心死了。"

我抬眼看看她，嘴角微微一笑，说道："让大娘担心了，但小宛做事一向光明磊落，既然已经卖到这楼里了，自然是不会寻机会逃脱的。"

老鸨的脸僵了一下，忙说道："哎呀，这话怎么说的，我不过是担心小宛姑娘会在路上出事而已啊。你看你，年纪轻轻的，又如此花容月貌，在路上走，难保不被那些登徒子盯上，你偏又不肯带上一个半个的丫鬟，独自上路，我这心哦，就没有一天能放下的。"

"有劳您费心了。"我说道，实在是不想与她做作的关心纠缠下去，便准备进屋。

"哎，等等。"老鸨突然叫住了我。

我停下脚步，回头看着她，脸上露出不解的神色。

老鸨笑盈盈地说："你这丫头，就是心里太通透了，我说是关心你，你也总是不信。其实盼着你回来的，可不仅仅是我。你走之后，有几位客人来到了楼里，指名就要你。但我可去哪里寻一个董小宛呢，只好与那些客人们说你归家，但人家还是不肯，硬要在这里等你回来，这不，都等了好长时间了。"

我眼中的疑惑更深了，问道："什么人这么急着要见我？"

老鸨笑笑道："这就你自己去看吧。"说罢，便叫身边的丫鬟带我去梳洗打扮，一切妥当后，就带我去看那等我已久的客人。

点了绛唇，抹了胭脂，再细细地画了眉，多日在路上疲劳奔波一扫而空，我又成了青楼里艳丽的女子。我看着镜中的自己，美艳动人，但眉眼间透着一股清冽的气息却将我与这红尘分隔了开来。

"小宛姑娘，客人等急了，您好了吗？"丫鬟催促的声音从外面传来，我最后看了一眼自己，便出了房门。

第四节　三顾半塘见美人，偶遇小宛未远行

一进客人的屋子，我便愣住了，一张熟悉的脸庞出现在我的面前，虽说都有一些年纪了，但却都是我熟识之人。

"小宛姑娘别来无恙啊。"其中一个较为年轻的男子起身说道。

"黄公子。"我有些高兴地叫道，又猛然察觉了自己的失态，便忙行礼问好。

这黄公子是我在秦淮画舫时认识的一位客人。他才高八斗，聪颖非常，但心高气傲，看不惯官场的那些明争暗斗，便干脆隐居，从此不过问世事。他常到画舫寻我，时间久了，我们的关系也变得不错。

"许久不见，小宛姑娘还是这么的明媚动人啊。"黄公子说道，脸上是温和的笑容。

我有些羞涩地笑着，正想与黄公子好好叙旧，却看到一旁还有一个男人。这男人看上去有一些年纪了，但脸上却没有老态，举手投足间说不出的儒雅，看上去一副书生的样子。

"啊，看我这脑子，忘了你们是初次见面了。"黄公子拍了拍自己的脑袋，说道，"钱兄你该知道这就是天下闻名的小宛姑娘了，小宛，这位便是钱谦益。"

钱谦益！我惊讶地睁大了眼睛，这可是响当当的大人物，我知道柳如是姐姐与他之间有说不清的瓜葛，如是姐姐每次提起的时候，眼中都会有一种浓郁的情感，我虽未曾爱上什么人，但也知道那是女子对爱情飞蛾扑火般的一往情深。而这个让如是姐姐朝思暮想的男人，此刻正站在我的面前，我一时激动得不知道说什么好了。

"小宛？"黄公子见我愣在那里，问道。

我回过神来，抱歉地看了一眼黄公子，又回头对钱谦益说道："不

知道钱大人光临寒舍，小宛有失远迎，真是招呼不周。"

"唉，此次我们前来半塘，也未与小宛姑娘打招呼，如此冒失，倒是失礼了。"钱谦益说道，声音温和有力。

果然是一个儒雅如玉的男子，难怪如是姐姐对他如此倾心。我想到，心中也已经渐渐地平静了下来，便邀请两人坐下，叫门外的丫鬟送上了好酒。

我为两位公子倒满了酒，也为自己到上一杯，举杯说道："小宛一直仰慕两位公子的威名，今日有事，就让小宛敬两位公子一杯。"说罢便举杯一饮而尽。黄公子笑着说道："没想到许久没见小宛姑娘，姑娘不仅仅如从前般清丽美好，为人也更为大方果敢了。"

我笑笑，当这是赞扬收下，接着说道："难得见到两位公子，小宛照顾不周，希望能够为两位公子弹琴助兴。"

"好，素闻小宛姑娘有'神曲'的名号，一直都没有机会见识，今日钱某有幸能够听到小宛姑娘的琴声，是再好不过了。"钱谦益说道，眼中满是柔和的光。

我立刻起身，走到了琴旁，缓缓地坐下，屏气凝神思索了一会儿，慢慢地将手放在琴弦上，曼妙的音乐便从我手中流了出来。

"病眼看花愁思深，幽窗独坐抚瑶琴。黄鹂亦似知人意，柳外时时弄好音。"美好的琴声在房中流淌，我轻声吟唱，附和着琴声，将这音乐的美妙，再一次地提升。

一曲毕了，黄公子击掌称赞道："好曲子，好词，黄某这一趟真没有白来。"

钱谦益笑着看着我，问道："敢问小宛姑娘，这是你自己写的词吗？"

我羞涩地说道："只是无聊时的小作罢了，登不得大雅之堂。"

钱谦益细细品味了一番之后说道："钱某看来，这词却别有一番风味啊。"

"钱兄，近日我们不是决定要去太湖游览吗，但是一直未找到可以同行的女子，你觉得小宛姑娘如何？"黄公子突然说道。

太湖？我疑惑地看着两人，钱谦益像是突然受到了启发一般说道："好！我怎么没想到，若是太湖之行能够有小宛姑娘这样的才貌双全的

第三章　游山玩水伴名士，佳人心于山水间

051

女子在身边，那真是一大美事了。"

说罢，又转头问我："小宛姑娘，不知道你是否有兴趣与我们这俩老头子，一同游太湖，领略太湖的美景呢？"

这该是多好的一件事！我自小生长在董家大宅里，从没有出过远门，后来家道中落，无奈去了秦淮画舫做歌妓，心中一直苦闷不堪，更没有心思去哪里游山玩水了，但此次两位大人邀请我去太湖，却是一个绝好的机会，我若是抓不住，岂不是太愚蠢了？

思至此，我便忙答应道："大人您不要开玩笑了，大人开口，小宛又岂会说不？再说这太湖美景天下闻名，小宛早就想去游览一番，大人看得起小宛，若是能带上小宛，那真是小宛的福气了。"

"好，此事就这么定了，小宛姑娘可不能后悔哦。"黄公子说道。

我又敬了两位大人一杯，心中早已开心得不能自抑。

太湖，是我第一次以游山玩水的心态来的地方。

"天帝何时遣六丁，凿开混沌见双青。湖通南北澄冰鉴，山断东西列画屏。掩雨龙归霄汉暝，网鱼船过水云腥。乘风欲往终吾老，角里先生在洞庭。"明初扬基的这首诗将太湖之美活灵活现地呈现在人们眼前，让我不禁心之向往。

太湖果然名不虚传，水之美，景之美，皆是人间极品。都说上有天堂，下有苏杭，然而我在苏州生活了这么久，却觉得太湖也可以与之齐名。太湖的美是另外一种滋味，它的美在于自然，美妙得光是站在船上，吹着那迎面而来的风，都感到心旷神怡。

自太湖归来后，我与钱大人他们还有一次小聚，席间我们畅谈、饮酒，我许久没有感到这么开心过了，这些客人虽说年纪较大，而家中也有妻室，但却都是风流人物，有着凡人难有的非凡见地，与他们的畅谈让我感到自己也进入了另外一个世界，受益匪浅。

然而我不知道的是，我不在半塘的这段时间里，冒辟疆也来到了半塘，但他寻不见我，只好与另外几个姐姐相处。直到我从太湖回来，他也刚好打算走了，便决意最后一次来到楼里，看看是否能够见到我。

第五节　红烛月光两相谈，小宛醉卧待冒生

那一日，我刚好从太湖回来，与几位大人小聚后，便快快地躺在床上。

我的身体本不是很好，太湖之行虽让我心中十分愉快，但身体却依然有些吃不消。加上这几日与他们的聚会，尽欢之后我只剩下一身的疲惫。

傍晚，夕阳的余晖从窗外投入，一抹暧昧的色彩染红了整个房间。房内有淡淡散发着的花香，尽管我已离开了许久，但似乎每一日，都会有丫鬟来房间中打扫。我向来不爱人工制作的香料，觉得这种香味过于浓烈，因而丫鬟会定期在我的房中摆放当季的花卉，那种自然的香味，可以让我心旷神怡。

"小宛姑娘，有一位公子来见你。"丫鬟的声音从门口传来。

我的头不禁痛了起来，微醉的感觉从太阳穴缓缓地传来，我叹一口气说道："我今儿个乏了，不想见人。"

"噔噔"的脚步声响起，小丫鬟大概是去向老鸨请示了。

我侧卧在床上，粉色的丝绸幔帐垂下来，将我隐藏在床上，恍然间似乎觉得自己在另外一个世界一般。回想起前几日在太湖的旅程，我的嘴角不禁流露出一丝笑容。那些文人才子，当真与常人不一样，这几日便让我觉得，自己从前一直都是一只井底之蛙，以为井底便是所有的天地，但一旦从井底出来，便知道这世界有多大，自己的见识有多浅薄。

除却太湖之行，几位公子还提前邀我去黄山、西湖之地，若不是身体吃不消，我倒真想跟着他们直奔黄山而去，去看看那儿的奇峰怪岭。

"小宛姑娘。"丫鬟的声音又从外边响起，将我的思绪迅速地拉了回来，我皱皱眉头，问道："怎么了？还有什么事情？"

"那位公子说，他已等了姑娘许久，今日之后，他便要远行，怕是再也没有机会能够见到姑娘，还是请姑娘能够赏脸见一面。"丫鬟的声

第三章　游山玩水伴名士，佳人心于山水间

053

音轻轻的，冷冷的。

我揉揉疼痛的太阳穴，有些恼地说道："那你就告诉公子，我今日身体欠佳，若公子愿意见这样的小宛，就让他来吧。"

丫鬟应了声，便又离开了。

真是不识趣，我想到。但转念一想，他已等我许久，也算是有心思了，我如若拒人于千里之外，也太过无情了。如此一想，我心中便又有了一丝愧疚，想要起身梳洗一下，但是身体却乏得要命，只好快快地半躺在床上。

门开了，一个人走了进来，我微微睁开眼，只见一个穿着朴质衣裳男子进了屋，但我此刻眼神迷离，看不清那男子的样子。

那男子走近了，见我半躺在床上，似乎愣了一下，便说道："冒某冒昧拜访小宛姑娘……"

姓冒？难道是他？我惊了一下，勉强睁开自己的眼睛，将床前的幔帐掀开。只见一个清瘦的男子站在我的床前，脸上带着温婉的笑容，见我突然掀开幔帐，似乎有一点点惊讶，也满满地都写在了脸上。

"冒公子？"我问道："难道就是鼎鼎大名的冒辟疆公子？"

冒辟疆一听这话，突地笑了起来说道："鼎鼎大名算不上，都是平日里朋友们夸赞了。"说着，面颊竟有些微微地红了起来。我看着那两片红霞，突然心生爱怜，想要站起来与他好好说话，但无奈身子疲软得要命，只好叹口气说道："丫鬟说您已等我多日，但可惜我今日身子欠佳，不能很好地招待公子。"

冒辟疆也不多说，找了一张凳子，搬到我的床前，随意地坐下，帮我将那垂下的幔帐全部掀起，说道："严格地说，我找姑娘这已经是第三次了，第一次是在秦淮，当时我的乡试刚好结束，本想找姑娘吐吐苦水，但没想到姑娘已经回了半塘。"

我知道他的科举一直不如意，便说道："这我知道，我在秦淮的故人已寄信告诉我，倒是公子不要为科举之事低落，俗话说'不以成败论英雄'，公子的大名与才气天下谁人不知呢？"

冒辟疆苦笑了一下说道："还是姑娘错爱了。从秦淮回来之后，我便来到半塘，想要见姑娘一面，但无奈那时你已出游太湖，冒某又一次落空了。"

听完这话，我心中满是愧疚，却又不知道说什么好。

冒辟疆停顿了一下，接着说："还好我今日来了这里。"说着，脸上露出笑容，"说来这事倒真要看缘分，明日我便要走了，今日居然真让我碰着了姑娘，刘备'三顾茅庐'大概也是这样了吧。"

我被他"三顾茅庐"的说法逗笑了，便说道："是公子抬爱了，小宛只是半塘最为平凡的一名歌妓，远不值得公子'三顾茅庐'，加上今日小宛身子不适，也未能好好服侍公子，公子怕是要失望了。"

房间内，清幽的香味在空气中默默地飘荡着，青楼所特有的情愫也掺杂在这其中，让无数男女沉醉其中。

冒辟疆深深地看着我，一时沉默了，我以为自己说错了什么话，心中无端地紧张了起来。却不料冒辟疆开口道："冒某倒是真感谢上苍，今日能够给冒某机会，见到小宛姑娘。冒某这么说并不是为了讨得姑娘的欢心，只是有些美人不管是何时，都是真正的美人，小宛姑娘便是这样的美人。"

平日里，我也常听到别人的赞美，也都是微微一笑便谢过了，但是今日或许是因为微醉的原因，我心中竟然有一丝的触动，"欣喜若狂"的感觉从心底满了出来。我感觉我的脸颊已经绯红，幸好酒醉能够掩饰住我的情愫。

我忙定了定心神，说道："素闻冒公子才高八斗，对小宛来说，能够见到冒公子才是三生有幸的事情。"

你可知道，我在秦淮第一次听到你的名字时，便对你心有所属，便一直想要见到你一面。你可知道，我在得知你在秦淮找我的时候，我的心中有多么的开心，那几乎是我人生中最为开心的一瞬间。

如今能够见到你，我心里的小鹿便一直不停地撞着，仿佛下一秒，就要从我的心中蹦出。

但冒辟疆明显认为我不过是客套的话语，便笑笑，与我继续谈天说地。

第三章 游山玩水伴名士，佳人忙于山水间

第四章

钿毂青骢斗画鞯，卷帘都道不如君

玉手移来霜露经，一丛浅淡一丛深。

数去却无君傲世，看来唯有我知音。

第一节　冒辟疆再顾半塘，董小宛无缘相见

不知不觉中，天色已经暗了，房内的红烛燃了起来，加之原有的花香，一种暧昧的气息开始在房内流淌。

我身体里的酒劲也渐渐地过去了，脑袋开始变得清醒起来，我挣扎了一下，总算能够从床上站了起来。正准备下床，谁知腿脚还是软的，刚下床便无力地崴了一下。我不禁"啊"的一声惊呼，冒辟疆眼疾手快，忙将我扶住。

我能够感受到，他的手安静地放置在了我的腰上，手上的温度透过薄薄的衣裳，传递到了我的身上。我能够感受到他规律而安稳的心跳，沉稳有力，让我不禁有些陶醉。

"啊……对不起……"冒辟疆似乎有些尴尬，忙将我放开。

我的脸颊微红，此刻酒的作用已经完全地退去，女儿家的羞涩，让我不敢抬眼看他。

但毕竟我身在这青楼中，所谓的羞涩也不过是一瞬间的事情，冷静下来后，我便抬头，向他微微一笑，缓步走到酒桌旁边，说道："现在小宛感到身子好了许多，还请冒公子坐下喝一杯。"

冒辟疆愣了一下说道："今日已经太晚，小宛姑娘也已经十分劳累，这酒便算了吧。"

我愣了一下，心中一沉，不明白冒辟疆为何会拒绝我的邀请，或许身上的劳累发作，我心中有些失落，但仍让自己的脸上挂起了笑容，说道："好，冒公子果然会体贴人，但小宛也想向冒公子赔罪，要不，小宛为冒公子弹上一曲，以表小宛的歉意？"

冒辟疆面有难色，犹豫了一下说道："不瞒姑娘，明日我就要启程离开半塘，今晚怕是不能留下了？"

"你要走了？"我不由得问道，一种迅速下坠的感觉向我袭来。

他并不愿意与我独处在这房中太久。一个足以让人低落的念头充满了我的脑海。

冒辟疆注意到了我的神色变化，忙说："姑娘莫要误会，冒某真的是有急事，才只能匆匆而走。冒某寻了姑娘这么多次，怎会不想与姑娘把酒言欢，听姑娘的曲子呢？只是身不由己，必须离开罢了。"

我听得他这一番话，虽然还是感到失落，但他这些顾忌我心思的话语，却沉沉地打进了我的心中。

罢了，我也是心急了，人家说是有事情便是有事情，我这样强留又有什么意义呢？反而是女儿家的矜持都没了。矜持，想到这个词，我不禁在心里嘲笑了一下自己，我一个青楼女子，又有什么矜持可言呢？

但无论如何，若是今日就这么让他走了，我心中也必然是不愿意的，想着，我说道："小宛知道冒公子的难处，但这人世间的缘分不常有，小宛还是想为公子弹奏一曲，以为公子送行。"

冒辟疆见我如此坚持，倒也有些无奈了，他于是就寻到桌旁，找了个位子坐下，说道："姑娘的一番美意，冒某要是再辜负了，那真是不识抬举了。"

我莞尔一笑，将琴摆好，手指轻放，流淌出来的，便是一首送别的曲子。

抬眼再看看冒辟疆，只见他的双眼微微闭上，嘴角挂着一丝淡淡的笑容，似乎已经沉浸在了里面，我心中一阵狂喜。

他喜欢我的琴，我想着，止不住地想要笑出来，原本应该悲伤的曲子，竟有些欢快的意味。冒辟疆大概也感受到了，睁开眼有些不解地望着我，我忙调整好自己的心态，让那种伤逝的情感再次蔓延了出来。

一曲毕了，房内又安静了下来，我看向冒辟疆，他的眼中满是温柔，冒辟疆的声音十分清朗，他笑着说道："小宛姑娘的琴声真是太过美妙了，真是'此曲只应天上有，人间能得几回闻'。冒某今日真是大开眼界了。"

我谦逊道："承蒙公子厚爱，小宛在秦淮的时候，就听了很多关于公子的传言，心中早已有了向往，公子绝非常人，今日能给公子弹琴，是小宛前世修来的福气。"

冒辟疆听到这话似乎很高兴，脸上的笑容越发地深了。

我忙接着说道："小宛没有别的方法能够表达我的敬佩之情，只能再给公子唱上两曲。"

冒辟疆听我这话，欲言又止，但是看我一脸坚定的样子，只好无奈地说道："好吧，难得见到姑娘一面，便待到天明再走吧！"

我一听，不禁喜形于色，纤纤素手放在琴上，又是一曲美妙的音乐从我手中倾泻而出。

这一晚，我为他弹唱，直到手指已经渐渐地失去知觉；这一晚，他安静地听着我的琴声，不发一言。然而那种温暖的情愫却在房中流淌。我一生都无法忘记，他那温柔的眼神，和淡淡的微笑，如沐春风，让人如痴如醉。

第二日醒来，我已躺在了自己的床上，恍然想起昨日的经历，只感到仿佛做了一场梦，但宿醉的疼痛感，和手指上传来的淡淡的刺痛，让我知道昨晚的一切都不是梦。

心中是难以掩盖的兴奋，但是一想起冒辟疆现在已在归途，我又难免感到一些失落。

这动荡年间，能否再次见到，都是未知之数。

此后的日子，回归了平静，只是我陪伴钱谦益去往太湖的事情，似乎在公子们的圈子里传开了，于是也有不少的文人公子来到这楼来，请我去游山玩水。

我自然是乐意的，这段时间以来，我已经能够习惯青楼的生活，说话也知道了分寸。我娘的身体一天比一天差，所需要的医药费也越来越多，我早已没有耍脾气、挑客人的资格了。但是比起在青楼里卖笑，我更加愿意与这些文人雅士一同出游。虽然这些文人，多是上了年纪的，但至少谈吐文雅，仕途不顺，便寄情于山水之间，让我好生佩服，与他们交谈，我倒是能真正地笑出来。

有一位公子还对我说："我原以为小宛姑娘是一个吝啬笑容的'冷美人'，又听人说小宛姑娘不笑的时候是最美的，想必说这话的人必然是没有见过小宛姑娘的笑容，才妄加推测，这世间哪有女子不笑比笑要美的呢？只是小宛姑娘不笑时已是美艳动人，一笑起来便是倾国倾城

第四章 钿毂春浇斗画裙，卷帘都道不如君

061

啊。"

　　只是我不知道，在我离开半塘的日子里，冒辟疆又去过半塘找我，但缘分总是这么的巧妙，他心在思念我，我心也在思念他，却是相思之人总是难见。

第二节　白门移得丝丝柳，黄海归来步步云

第二年春天，又是一个万物复苏的季节，钱谦益又一次来到了半塘，邀请我去西湖游玩。我自然是痛快地应允了。

原本我对钱谦益就是极为佩服的，加上此次如是姐姐也会来，我更是一口答应了，我们姐妹许久没见，一相见便是泪流满面。如是姐姐如今已经与钱谦益喜结良缘，我自然为他们开心，但一看到他们，我心中就不可抑制地想起冒辟疆。如今我心中只有一个冒辟疆，其余的男子已经进不了我的心中。但钱谦益这个人，当真是一个非凡之人。他的学问、才华，对于世事的通透，都让我大开眼界，真难怪如是姐姐会如此迷恋这个男人。

西湖的清晨给人一种清新的感觉，湖面上有一层薄薄的雾气，却依然遮不住湖水的清澈。西湖的水面，就如同镜子一般，将一旁的青山绿水全部透彻地映在了水面之上。不时有鱼儿从水中跃起，溅起一阵水花，我却完全没有心思要躲避，而是站在船头，饶有兴趣地看着这些可爱的生灵。

"小宛姑娘。"温柔的男声传来，我回头一看，钱谦益不知何时已经站在我的身后。我看到他止不住地高兴，眼镜都笑成了月牙状。

钱谦益这次不仅仅邀请了我，还有好几个楼里的姐妹，一同来西湖游玩，船上还有很多雅士，这几天热热闹闹的，好不欢乐。

"一大早姑娘就跑到船头来做什么？"钱谦益问道。

我笑着说："我习惯早起了，便在这船头看看西湖的清晨之景。"

钱谦益好奇地顺着我的视线看了看湖面说道："看来我年纪真的大了，看了许久也没看到姑娘所说的美景啊。"

我说道："美景有时候不仅仅是用看的，您闭上眼睛感受一下，是

否会觉得这西湖之上的风，格外的沁人心脾呢？"

钱谦益当真闭上了眼睛，感受这湖上的风。

微风在湖面上轻轻掠过，带着一股湖水的味道，柔和地向人袭来，说不出的清新自然。

钱谦益睁开眼睛说道："原本我还不觉得，听你这么一说，当真觉得西湖的风与我们日常所感受的不太一样。"

我笑笑说道："不仅仅是这西湖上的风，小宛一直觉得清晨的风是最能将一个地方特有的味道带出的，因而小宛常常会早起，在院子中站立一会儿。"

钱谦益似乎对我的话挺感兴趣的，安静地听我说了一会儿之后说道："小宛姑娘的雅趣钱某这么些年倒是真没有发现，但是钱某也不是无趣之人，现在在钱某的眼里，就有一处世上难见的美景在西湖之上。"

"哦？"我饶有兴趣地抬头望他。

钱谦益笑笑说道："远在天边，近在眼前。"

我的脸稍稍地红了起来，无奈地摇摇头说道："大人真是错爱小宛了，小宛不过是最为普通的一个青楼女子罢了。"

钱谦益摇摇头说道："欲把西湖比西子，淡妆浓抹总相宜。小宛姑娘你一身素衣立在船头，幸而这是春季，若是夏天，这西子湖畔的荷花一开，当真分不清楚是姑娘还是荷花了。"

我笑笑，算是受下这赞扬了。今日起得早，也没有花时间梳妆打扮，我只穿了一件单薄的白色衣裳便出来小坐一会儿，时间久了，居然有些凉意。

钱谦益看出我有些冷了，便说要我回船舱内添件衣裳，我点点头，准备起身回船舱。

这时，船舱内也有了动静。说来真是好玩，昨晚我们几个姐妹与几位公子在船舱内谈笑换歌，居然乐得所有人都忘了时辰，有了困意也就都沉沉地睡去了，东倒西歪地躺在船舱里。这般样子若是让一般世人看去了，估摸会说我们淫乱无礼。

天边已经出了白光，太阳渐渐地从东边升起，西湖的湖面上开始出现光亮。我便趁着还没有人出船舱，匆匆进了自己的小隔间，换了一身鹅黄色的衣裳。待我出来时，几个姐姐也都已经醒来，正坐在镜子前梳妆打扮。

她们见到我，便也招呼我坐下，一帮女子一边"对镜贴花黄"，一边相互谈笑着。

游玩了西湖之后，我们一行人又来到了黄山。

"独坐枫林下，云峰映落辉。松径丹霞染，幽壑白云归。"

登上黄山，我便写下这首诗。

黄山虽算不得奇险，但站在那山上，看着白云离自己如此之近，当真也会有恐惧之感，但这短暂的恐惧之后，便是对这黄山奇景难以绝口的赞叹。

有几位姐姐身子不好，在黄山上没有行几步便吃不住，下了山。我一直坚持着爬到了山顶。有公子知道我的身子也弱，劝我也与姐妹们一起在山下等候，但是偏是不愿意，跟着他们上来了。

人生又有几次机会能够来到这黄山看奇峰怪石呢？若是我此刻退缩，怎么对得起自己这几日千里迢迢的辛苦呢？若是我此刻离开黄山，我大概只能一辈子待在半塘，做个无知的歌妓了。

到了那黄山上，一位公子看着我，佩服地说道："我原以为青楼女子都柔弱如花，虽然美不胜收，却也娇嫩无比，又听闻小宛姑娘身子一直不好，倒没想到你真的跟着我们上了这黄山，心中好生佩服。"

在黄山，我见到了可能一生都难以见到的风景，说来也真是矛盾，若是我家当年没有落魄，我必然还是一个富贵人家的小姐，也许此刻早就已经默默地嫁了一个人家，过着安静舒适的生活，但是也必然没有机会，来见识这名山大川，也定然没有机会，认识这些有志之士。

思及此，不禁苦笑。

然而人生际遇谁人能知？我们不过都是这世间最为渺小的存在，自己的命从不在自己的手上。我可能真的贪心，即使身在青楼，也一直想要找一个能够依靠的人。这对一个青楼女子而言，根本就是痴心妄想吧？然而若不是有这一丝的期待，我又有什么活下去的意义呢？

黄山美景让人流连忘返，然而我的心事却不能在这美景中淡然忘却。一闭眼，眼前就满是当日在楼里，见到的那个男子的身影。我离开半塘的这段时光里，他是否还能记得我？他是否有去半塘找过我？若是去了，找不见我，他又是否会着急？

这一切，我都不知道，只能在心中默默地猜测。每次一想到，那一晚，或许他并没有对我动心，心中便是针扎一般的痛，让我窒息，甚至连眼前的美景都变成难以忘怀的噩梦。

冒郎，我真想见你。

冒郎，你何时会来寻我？

第三节　董白氏骇然病逝，董小宛一病不起

崇祯十五年（1642 年），天下乱象，人人自危。

离第一次见到冒辟疆，已经过了三年。三年的时光，说长不长，说短不短，却也足以让人思念成疾。

这三年，我并没有多大的变化，只是身形变得更为清瘦，倒也长高了一些。我家的小丫鬟见我的样子，有时候都会叹一口气念叨："衣带渐宽终不悔，为伊消得人憔悴，小姐，这句词说的就是你现在这样吧？"

我拍拍丫鬟的头，让她不要胡说。但连一个小丫鬟都知道我心中在思念谁，为何我思念之人，到现在都未来见我呢？

每每想到这里，我的心中都会一痛，然而无可奈何，我不知道他在何处，就算知道，我娘的身子也不好，我也不能丢下她一个人出远门。

这三年，我开始不单单只在一家青楼里做事，而是辗转于半塘的各个青楼。原本我在秦淮就还有些名气，这几年在半塘也闯出了点名堂，在各个青楼转转，比在单个地儿要赚得多。但是身子也更加劳累。我家的小丫鬟看着我如此辛苦，心中也着急得很，总想着办法给我补身子，但病根已经落下，怎么补都补不过。

近了傍晚，青楼的车子已经到了门前，我整了整衣裳，带着我的琴，便准备出门上车。小丫鬟从房里急匆匆地跑出来，皱着眉头说道："小姐，你今晚还要出去吗？丫头看你最近很是憔悴啊，好好休息一下不行吗？"

我笑着看看小丫头说道："我若是晚上不出去，这家中的家计该怎么办？"

小丫头红着脸想了老半天，也想不出话，便只好奄奄地说："那小姐你也早点回来吧，夫人最近……身体也不好……"

说这话的时候，小丫头的声音很轻，虽然旁人完全听不见，但是我

第四章　钿毂香浇斗画裙，卷帘都道不如君

067

却听得一清二楚，心中不由就是难以忽视的疼痛。

去往青楼的路上，我的思绪早已飘浮，一整夜，我都神不守舍，琴不似琴，歌不似歌，心思全在娘的身上。

上次大夫来的时候，给我娘诊治了许久，最后与我说时，却是摇摇头说道："夫人的身体应该没有多少时间了。"

这是晴天霹雳，那一瞬间，我便觉得自己的手脚变得完全冰冷，没有了感觉，我愣愣地站在原地，听大夫接着说："你娘的病，本来就不好治，拖了这么多年也算是长的了，但现在病入膏肓，就算是华佗再世也难以救你娘了……"

我抓住大夫的手，唇色已经发白，声音近乎是哀求地说道："大夫，你一定能治好我娘的病的，不管是多么昂贵的药材，你告诉我，我一定会想办法筹到钱的……"

大夫摇摇头，看我的眼神中充满了同情，说出的话却是如此的残忍："董小姐，不是老夫不想帮你治疗你娘，而是夫人的确已经无药可治了，你也要想开一点，现在就好好地伺候她老人家，让她过一些好生活便是了……"说罢，大夫整理好自己的药箱，便离开了屋子。

此时我的双腿就像是灌了铅一样，沉重得怎样也移动不了。

大夫的话在我的脑海中不断地来回重复。

娘没得救了……

突然感到自己的脸颊凉凉的。我摸摸脸上，不知何时，我竟然已经泪流满面了。

"小姐。"小丫头从房内走出，看到我，犹豫了一下轻声说道，"小姐，夫人喊你。"

原本娘在房内喊我我便能听见，但如今她已经无力喊我，只能让丫头来找我了。

我擦擦眼泪，进了屋。

娘安静地半卧在床上，她比往常的任何一个时候都要瘦弱。我走进，轻声喊了一句"娘"。

她缓缓地睁开眼睛，却已没有力气移动自己的身体来转头看我。她的脸颊已经完全塌陷了下去，周身散发着一股濒死的气息。

我强忍着自己想哭的欲望，勉强在脸上挤出一道笑容，静静地望着她。

娘用她干枯的手拉了拉我的手，问道："白儿，刚才大夫说了什么？"

我沉默了一下，说道："娘您不用担心，大夫说您的病要一些时间调理，但过不了多久就能有转机了。"

娘听了，缓缓地摇了摇头说道："娘自己的身体，娘知道。"

我一时无言，不知道说什么好。

娘顿了顿接着说道："娘这病也好几年了，娘自己也知道撑不了多久了……"

"娘您不要这么说，您是要抛下白儿了吗……"我的声音中已经带上了哭腔。我是真的害怕，娘是我在这世上唯一的亲人，若是娘也没了，我活在这世上还有什么意思？

娘是知道我的心思的。她招呼我坐在她的床边，摸摸我的头说道："你是我的女儿，我当然是舍不得扔下你的，但是生死有命，这不是我们能够改变的。你还年轻，日子还长，娘若是不在了，你也要好好地照顾自己。"

我痛苦地摇着头，不愿意相信这残酷的现实。

那时我并不知道，娘的心中虽有对生命的不舍，但是她却也为自己松了一口气，她的人生已经艰难，早日超脱，对她而言也是一件幸运之事。而且，娘说，她也可以早一点见到爹了。

但我却要一人在这混乱的世间苟活。

直到有一日，当我自己面对死亡时，我才突然明白，那种从痛苦人生中解脱出来的轻松感。

娘去世的这一天，终究还是来了。

我原以为我早已做好了准备，来迎接这个悲痛的事实，然而这一刻真正来到的时候，我却依然慌乱了手脚。

娘，便是如此安详地躺在那儿，小丫头已经帮娘沐浴更衣，她身上穿着的，是她生前最爱的一件衣裳。她的脸色苍白，一如往常一样，所以我甚至意识不到她已经死去了。

"小姐……节哀……"小丫头说这话的时候，自己没有忍住，便哽咽了。

而我此刻，本应该是悲痛万分才对，却是连一滴眼泪都流不出来。

　　我早已知道，娘终有一日会离我而去，这是当这一天真的来临，我却再感觉不到痛楚。

　　"人死如灯灭。"我喃喃地说道。

　　一旁的小丫头听不清我说了什么，便问道："小姐你说什么？"

　　我没有理会，却觉得眼前突然一阵黑，之后便失去了意识。

第四节　田弘遇强抢佳人，董小宛仓皇逃离

娘去世之后，我也病倒了。

醒来时我已经躺在房间内了。入了夜，整个房间看上去都是黑漆漆的，我心中不禁一阵战栗，身上的冷汗直往外冒，忙喊道："丫头！丫头你在哪里！"

听到我呼喊的丫头忙从外边赶了进来，一副惊慌失措的样子，扑到我床边说道："小姐小姐，丫头在这里，你怎么了？身体感觉好点了吗？"

我的目光有些涣散，看到丫头来了，才微微地回过神来。

小丫头看我的样子，似乎也吓得不轻，嘴中一直在模模糊糊地说着："小姐你不要丢下丫头一个人啊……"

我愣了一会儿，看着丫头说道："小姐不会丢下你的。"

丫头听到我的话，忽地一下大哭了起来。

我知道，这几年我在青楼卖笑，丫头在家照顾我娘，她与我娘的感情，不比我跟娘的浅。丫头抱着我，我伸手轻轻抚摸她的乌丝。此后这个家，便只剩下我们两人了。

大夫说我是操劳过度，加上母亲去世的打击，因而突然发病，但是只要休息一段时间，身体便会慢慢地康复。

窗外鸟儿的声音传了进来，我无力地扶着床沿，想要支起身子看看外面。

竹外桃花三两枝，春江水暖鸭先知。

不知不觉中，居然又到了这样的日子。

娘的去世，给我造成了不小的打击，但是这房子，却依然如同往常一般静悄悄的，仿佛从不存在一般。春意已经席卷了整个半塘，铺天盖地的绿色，将这小屋子层层地掩盖了起来。

　　我努力地支起身子，看着窗外的风景。风微微地吹着，吹动了我的乌丝，我静静地坐在床上，心中满是疲惫。

　　这样的身子，去卖笑也是不可能的了，家中的开支看来又会增加。此次娘的去世，还好还有几位爹生前的叔伯帮忙，但能帮上的也就这么多了，日后的生活，我还是要自己打算。

　　在我如此艰难的时候，我的爱郎你又在哪里呢？

　　此时的我并不知道。我心心念念想着的人，早已来半塘寻找过我，只是他寻不见，便只好放弃。而在机缘巧合下，他又认识了另外一名歌妓，也是我的好姐妹陈圆圆。

　　我并不知道，他的心中早已将我忘记，在与圆圆姐相处的日子里，他已经全心全意地爱上了她。这我倒是明白，我与圆圆姐相处过，第一次见到她时，也是惊为天人。这世间男子莫不都喜爱貌美的女子，圆圆姐姐的美貌的确高出我，若是冒郎爱上她，我心中也是服气。

　　但是此时的我，却是什么都不知情的。

　　我满心满意地以为他会来寻我，甚至想，如果他听闻我今日的遭遇，必然会奋力地来到我的身边。但是等待是如此的难熬，我怎么等都等不到他，那满心的期待时刻支撑着我，却也同时折磨着我，让我毫无解脱的方法。

　　日子便是这样过了下来，我原以为，我会在这无尽的等待之中度过我接下去的人生，或许等我身子好了之后，便会回到那声色场所，继续卖笑为生。

　　直到有一天，丫头突然神色匆匆地跑了回来，跑到我的床前便急匆匆地说道："小姐，大事不好了。"

　　我皱皱眉头，不解地看着她，问道："怎么了？你慢点说。"

　　丫头好不容易顺了气，说道："我刚从外面回来，听说外面正在抓人，已经被抓走好多的姑娘了。"

　　我听闻，一惊，赶忙问道："什么？你说清楚点。"

　　"据说现在大将军田弘遇正在外头抓人，抓的都是些长相漂亮的姑娘，是为了给皇上进贡啊！"小丫头说着，脸色已经变得苍白。

　　我听了这话，也是一阵的心慌，呼吸猛然不顺了。

丫头已经在收拾我的衣物，将家中仅剩的细软都藏进包裹里面，一边收拾一边说道："小姐，您还是快点找个地方，躲一段时间。"

我点点头，也强力支撑着自己的身子从床上爬了起来，一起整理衣物。

谁知，还没有整理好，就听到门外一阵巨大的敲门声，还听到男人霸道的喊声："董小宛在不在！快出来！田大人要见你！"

必定是田弘遇带着人马来了。我顿时吓得六神无主，不知如何是好。

这时候倒是丫头比较冷静，她拉着我的手说道："小姐，你若是被抓去了，那丫头也真的没什么好活的了，你先到地窖里面躲一会儿，这边让丫头来应付，待到人走了之后您再出来。"

我点点头，转念又一想，说道："不行，你跟我一起躲进去，你若是被抓了该如何是好。"

丫头摇摇头说道："不行，若是上面没有人，他们定然会到处乱翻，说不定就能查到地窖，小姐你不用管我，快藏起来！"

又是一阵猛烈的敲门声响起，丫头也不顾我的反对，将我推入了地窖。我刚踏进地窖，没多久就听到有人闯了进来，一阵东西摔打的声音，还有男人沉重的脚步声，加上丫头的惊叫声。

我的心一瞬间提到了嗓子眼儿，忙将耳朵贴在入口处，听外面到底发生了什么。

"田将军，找不到人。"一个年轻的声音响起，必然是这田弘遇手下的小兵了。

话音刚落，一个粗壮的男声响起："董小宛在哪里？"这必然就是田弘遇了。

"小姐在青楼。"是丫头的声音，有些颤抖，看来是吓到了。

田弘遇接着问道："她在哪家青楼？"

丫头回答道："我不知道，小姐一直都没有固定的场子，多是被公子们邀着去的，小姐也未告诉我今日她会去哪里。"

田弘遇似乎很不耐烦，说道："罢了，问你个丑八怪也问不出什么，我们去金陵。"

说罢，又是一阵脚步声，我知道是他们走了，待到全没动静了，丫头将地窖入口的门打开，我才出来。

　　一出来，看到丫头的脸，我不禁笑了。我说刚才田弘遇说什么"丑八怪"的，丫头虽然算不上是绝色的美人，但也是个小家碧玉，盈盈一笑，人心里都是甜的，肯定不是什么丑八怪。原来这孩子刚才趁官兵进来之前，拿了我的胭脂水粉，在脸上乱涂乱抹，弄了一堆看上去像是胎记的东西在脸上，因而才被那些官兵说是"丑八怪"。

　　"丫头可真是聪明。"我不禁笑着说道，劫后余生，我是第一次如此真切地感受到这个词的意义。

　　丫头吐吐舌头说道："都是小姐教得好。"

　　我揉揉丫头的后脑勺，心中的石头总算是放下。

第五节　洁身自好不接客，债主上门无力偿

田弘遇强抢佳丽的事情，这阵子引起了不小的风波，据说半塘的青楼都被席卷一空，许多头牌姑娘都被他掳走了。他原本是冲着"秦淮八艳"的名号来的，寻不见我便上了秦淮去找人。谁知在路上遇到了陈圆圆，便二话不说，掳走了陈圆圆。

我虽与圆圆姐并没有太多的接触，但好歹姐妹一场，听闻她的遭遇，也担心不少，但我又是无可奈何的，倒是这一消息让我又平添受惊，原本的病又加重，只好在家中好生休养。

丫头在家中照料我，闲暇时候便开始做些手工活儿，以此来维持生计。

人一旦安静下来，想的事情也便会多起来。原本我在青楼卖笑，后来我娘又生了病，加上田弘遇出来抢人这一着，我已很久没有去想关于冒辟疆的事情了，但如今在家中休养，闲着无事，我便又拿出前段时间与他通的信件。

虽然来来回回也就这么几封，但我依然是每看一次都会欢喜一次，欢喜一次又会思念一次，思念一次便又痛苦一次。

"独坐红窗闷检书，双眉终日未能舒。芳容消减何人觉，空费朝朝油壁车。"我喃喃地念道。

丫头听到我念诗，便好奇地问道："小姐，好久没有听到你念诗了，这首诗在说什么吗？"

我苦笑一下说道："这首诗在说思念。"

丫头听了，若有所思地点点头，便又忙活去了。

离我上次见到他，已过了快要三年了。这三年，除了年纪徒然增长，我倒是一直都没有什么变化，不知道他又有什么样的变化呢？

听人说，前段时间他听母亲的吩咐，前往襄阳看望在那儿做官的父

亲，也不知道什么时候回来。这么一想，我又感到庆幸，幸好我并没有被田弘遇掳走，否则，就怕是一辈子都见不着他了。

门外又响起一阵敲门声。我和丫头都是一怔。之前田弘遇来家中的事情还深深地刻在我们的心上，不知不觉，竟然成了惊弓之鸟。

我和丫头对视了一眼，说道："去开门吧。"

丫头犹豫了一下，便起身去开门了。

进来的不是让人胆寒的官兵，却也不是我想见的人。

我看着眼前那个穿着一身华服的人，不禁皱了皱眉头。

"董小姐近日可好？"那人笑着寒暄，脸上的皱纹因此而显得皱褶更为深邃。他的脸上满是岁月的痕迹，就算身上穿着华丽，也掩盖不住已经年老的事实。

这人在我不想见的名单中，也是名列前茅啊。

我想着，挤出一个笑容道："张老板，小宛的身子还算可以，只是你也看到我的样子了，我可不能拿这副样子去见客人，如今就算你来，我也还不起钱啊。"

张老板听到我说的话，脸色猛然一沉，原本的笑容一扫而光，变脸的速度快的，也真让人心里发慌。

"董小姐，这债可是白纸黑字有证据的，你可不能赖掉啊。"张老板铁着脸说道。

我无奈地说道："张老板，我并非是不愿意还债，你看这几年，我哪一次不是一有钱就抓紧还钱的？张老板你还信不过小宛吗？"

张老板的脸色还是很难看，但想到我的信誉一直较好，似乎也缓和了许多，问道："那么你打算什么时候还清呢？还有几千两啊？"

"几千两？"我愣了一下，这几年我还了不少钱了，照理来说应该不会还剩这么多，便问道，"怎么还会有几千两？我记得剩下的应该不多了啊。"

张老板哼了一声说道："你还的那些，不过是利息，怎么够呢？"

我一时无言反驳，沉默了一下苦笑道："真是无商不奸。"

张老板听到我这句话，有些恼怒了说道："你可别忘了你自己曾经也是开绣庄的，这些钱都是你爹生前欠我的，父债子偿，你是一定要还我的。"

我摆摆手说道："好，知道了，欠你的一定还，但今天是没有了，请您先行回去吧。"

张老板原以为我也会与之发火争论，没想到我竟然是这种反应，一下子也没有回过神，过了老半天才问道："那你什么时候能还钱？"

此刻我是真的被激怒了，我冷眼看向张老板，说道："欠债还钱天经地义，这点小宛也是赞同的，但是张老板你不要忘了，我爹已经死了，这笔账本来就是你欺负我爹做生意老实而诱他欠下的。就算这笔钱我是一定要还，我家最近的事情您也应该是知道的吧，我娘刚去世，这丧期都还没有过，前段时间田弘遇抢人的事情你也知道吧？您觉得现在来找我要钱合适吗？我董白已经卖身青楼了，你也不能威胁我什么，你若是放我一条生路，我还能想办法将钱凑齐还你，你若是连生路都不给我，那么我这条贱命没了也就没了，你的欠款没了也就是没了！"

张老板被我一说，有些懵了，老半天才从牙缝里挤出一句："欠债还钱，天经地义，这可是你自己说的！"说完，便气冲冲地出了门。

丫头见张老板走了，忙走进屋，看我满脸通红的样子，焦急地问道："小姐，怎么样了？"

我无力地摇摇头说道："没事，不就是来要债吗。"

丫头听了这话，更急了，说道："这张老板真是没良心，我们家出了这么多事，他居然还来落井下石。"

我笑着说："不落井下石，又怎么会是商人呢？"

丫头点点头，又问道："那小姐，我们该怎么办呢？"

我沉默，转头望向窗外。初夏已经来临，树上的紫薇花已经开始含苞待放，这一居处是娘生前最后居住的地方，对我而言，不仅仅是一个住所，更是我娘留给我的一个念想，然而生活总是如此残酷，无论如何，这个地方我们是已待不下去了。

我想着，回头对丫头说道："没有办法，我们只能想想怎么离开这里了。"

　　丫头愣了一下，她对这地方感情也深厚，但是见我的样子，便也咬了咬牙，点点头答应了的，还说道："那还是等小姐身体稍微好一点再说吧，待到你身子好了，我们便动身离开。"

　　我笑笑，答应了。

第五章

幽草凄凄绿上柔末， 桂花狼藉闲深楼

世惰薄，人惰恶，雨送黄昏花易落。

晓风干，泪痕残，欲笺心事，独语斜栏。

人成各，今非昨，病魂常似秋千索。

角声寒，夜阑珊，怕人寻问，咽泪装欢。

第一节　行船停至佳人处，佳人病卧娇无力

初夏，若是在西湖，怕是荷花都已经开了吧。

接天莲叶无穷碧，映日荷花别样红。这样的一幅美景，倒真是想看看呢。可惜我的身子却不允许我远行，有时候，甚至会连家门都出不了。

离娘去世，已经过了二十天左右，我却觉得似乎已经过了好几年，这种漫长而痛苦的生活，就像是每日每夜都在拿着刀刺我的心一样，然而我也无从反抗，只能一直默默地承受着。

那一日，我如同往常一样，待在家中，看着窗外繁花盛开，却已没有了欣赏的心情。

丫头在房子的另一头做工，时不时将做好的女红拿给我看，让我指正。我细心教着她，想办法在这一段时间里能够将我所会的都教给她。

我的身体一天比一天差，虽然大夫说，是因为忧思成疾，是心病，只要好好调养，便能很快康复，但是我自知我的心病难医，怕是过不了这一关，便想着，至少要让这孩子能够学点东西，以后若是我真的过世了，凭着她的手艺，也还能找一个好人家。

丫头似乎也看穿了我的心思，有时候便不愿意再学，我只好苦劝她："难道你也要跟我一样堕入红尘吗？这手艺学起来，你做点东西，也好歹能够补贴家用啊，我们家如今也没有多少钱了吧？"

丫头总是在听完我的话，红着眼睛点点头，又开始做手上的女红。

我半躺在床上，看向窗外。这房子的位置很好，被密密层层的柳树盖住，从外边总是难以看到房子的主体，但是从房子里面，却是可以很轻易地看到外面的风景。我家的旁边有一条小河，有时没事，我便会静静地看着那条河流，然后陷入遐想。

这条河流上，会有来来往往的船家不断经过，那一叶叶扁舟，在河

上缓慢地漂过，如此的安逸静默，像是这世外的纷乱与之全然无关一般。

我便如同往常一样，静静地看着那条河流。

突然，一艘小船吸引了我的注意。

那艘小船与平日里看到的那些船儿并无两样，但不平常的是，那船头站着一个男子。因为距离太远，我看不清那男子的样子，但是看他的身形，却是十分清瘦。他的衣着十分朴实，周身散发着一股文气，看上去文质彬彬。这几年，我与这些文人都有不少的接触，竟然已经到了光看身形就能辨别的程度。

我暗自笑笑，却没想到，那男子突然抬头，往我窗口的方向看来。

我不禁在心中惊呼，那男子的面容我依旧看不清，但是却有一种熟悉感迎面而来。

难道我在什么时候见过这位公子？

刚想着，我便又否决了自己的想法。我虽然接客无数，但是却一直反感在自己的家中与这些人接触，就算是相识的文人雅士，我也甚少请他们来在家中做客，一方面是因为我娘在家，一方面也是为了躲避债务。因而甚少有人知道我家的住处，自然也不会有什么公子来我家探望的了。

正想着，门口响起一阵敲门声。

丫头喊了一声"来啦"便前去开门。

难道真的是那位公子？我心中一惊，转头回去看窗外时，哪里还有什么船家的影子？

正震惊着，丫头从门口回来了，脸上带着更加震惊的表情，说道："小……小姐，冒公子来了……"

我有些难以置信，小心翼翼地问道："冒辟疆？"

丫头点点头，脸上的表情没有变化。

我原以为我一直都在等这一刻，我原以为这一刻的来临，会让我激动万分，我一定会飞奔到他的怀里，而不是像现在这样，病怏怏地躺在床上，连下床都做不到。

"让他进来吧。"我说道。

丫头点点头，便出去喊人了。

没一会儿，一个男人走了进来，三年的时光似乎没有改变他的任何一个地方。就如同三年前的那个夜晚一样，他还是如此清瘦，文文弱弱的样子，因为多日奔波，脸上有青色的胡茬，眼神平静得像是水一样。

只是脸上的表情，不再是那样的如阳光般和睦，我看看他的眼睛，里面是满满的震惊与怜悯。

"冒公子。"我努力地笑着，试图让自己看上去精神一点，"好久不见。"我说。

冒辟疆似乎也从一开始的震惊中缓过劲儿来了，说道："是啊，这已经过了三年了。"

"三年。"我低头笑笑，"是啊，这三年，都物是人非了。"

"节哀顺变，人死不能复生。"冒辟疆说道，声音低沉而沙哑。

他必然是知道我娘去世的事情了，想起这件事，我心里又是一沉。

冒辟疆寻了一处地方，自己坐下，看了看我说道："听闻小宛姑娘家最近出了许多事，冒某一直都想来看看，但是无奈一直找不到姑娘。"

"你有来找过我？"我有点惊讶地问道。

冒辟疆点点头，叹口气说道："是啊，前前后后也有三四次了，但是姑娘不是去了黄山便是去了西湖，我总是无缘相见。"

想来说的便是我之前与诸位公子前去游山玩水的事情了。我忙说道："那是我受了公子们的邀请，加上不想待在那风月场所，所以便应允了。"

"我知道。"冒辟疆突然笑着说道，"我还听说了姑娘在黄山所作的那首诗，当真是一首好诗呢。"

我的脸颊不禁有些发红。真是奇怪了，以往人家称赞我，我都是淡然地应下了的，唯有冒辟疆，总会让我感到格外的害羞。

"冒公子过奖了……那不过是小宛的兴起之作。"我说道。

冒辟疆又笑了，说道："兴起之作便有这样的水准，那姑娘认真起来，岂不是能够媲美诗仙了？不过姑娘字青莲，倒是与李太白同名啊，说不定也是缘分呢。"

我脸上的红霞已经漫到了脖子根了，他知道我的字是青莲，他居然知道！

正想说什么，丫头突然之间走了进来，看看我们两个，对我说道："小姐，药煎好了，您还是趁热喝吧。"

我说道："有客人在，你先放着，我待会儿再喝吧。"

丫头点头正打算出去，冒辟疆突然拦下了她，又转头对我说："我不要紧，今日我时间多，不会匆匆离去，倒是姑娘，这药若是不按时吃，你的身体可该怎么好呢？"说着，又转头对丫头说道，"把药端进来，喂你们小姐喝。"丫头看看我，见我点头，便又出去拿药了。

第二节　夜半乌啼隐杨花，笑谈君醉留董家

我平生最怕的就是喝药，除了味道难喝，苦得我心里都难受，我一喝药就会想起我娘。想起我娘过去的这么多年里，每天都要喝下这么难喝的药，就为了能够让自己苟延残喘地更加久一点。

我怕我会与她一样，终日躺在床上，便是什么也不想，什么也不做，仅仅是看着自己生命在身体里渐渐地流失。

这种等死的感觉真是太可怕了。因而有时我情绪上来，就会拒绝喝药，而这个时候，丫头就会含泪看着我，拿着药站在我的身边，一声不吭，直到我愿意将药喝下去为止。

丫头将药递给我，我拿着药，皱皱眉头，一口气喝了下去，却不料喝得太急，不禁咳嗽了起来。丫头忙给我拍背，嘴里还喊着"小姐小姐"。

好不容易缓过来了，抬头却看到冒辟疆正看着我，我不禁尴尬地说道："还让冒公子见笑了。"

冒辟疆说道："苦口良药，小宛姑娘喝的药越是苦，姑娘的病也就好得越快。"

我一边让丫头将碗拿出去，一边回头对冒辟疆说："借公子吉言。"

冒辟疆想了一想说道："不过，姑娘的药如此之苦，为何不在饮药之后再吃点糖呢？姑娘不是自己也会做糖吗？"

我一听，不禁哑然失笑，问道："你怎么知道我会做糖？"

冒辟疆说道："姑娘的'董糖'早就已经享誉在外了，冒某虽然才疏学浅，但也听说过。只是一直没有缘分吃到。"

我怔了一下，这"董糖"，是我在青楼时，无聊时自己做着玩玩儿的，虽说也花了不少的心思，但烹饪一直都是我的兴趣，什么时候已经被外人知道了呢？

懒得去细想这些，我笑着说道："公子若是想要吃糖还不容易，待有空儿了，小宛做给公子吃不就好了。"

冒辟疆一听我这话，也是高兴的，直说："好好好，我可就等姑娘这句话了。"

初夏的风，带着淡淡的热气，从窗外吹进来。窗外阳光明媚，万紫千红，已经能够听到隐约的蝉鸣。

我有多久没有心思来欣赏这些美景了？似乎从今年年初开始，我便一直都没有遇到好的事情，先是我娘去世，再是田弘遇抢人，这一切都让我惊慌不已，最后还害了病。

但是还好，冒辟疆还是来找我了，我总算是有一种"守得云开见月明"的感觉。

"说来……"我问道，"我从来没有将我的住处告诉别人，公子你是怎么找到我的？"

这问题一见到他我便想问了，只是寒暄了许久，居然忘了。

冒辟疆笑笑说道："这几日，我原想再碰碰运气，看看自己能不能见到姑娘，就在半塘的青楼里寻找了许久。但是一直都没有找到你，便想着又是要一无所获地回家了。这时候，我的一位朋友说，这半塘的美景是在河上的，就这么走了怪可惜的，倒不如先见识这半塘的美景再回去。"

"于是你便乘船而来？"我笑着问道。

冒辟疆接着说："是啊，我便找了一个船家，让他带着我在这半塘的河上荡荡。我便站在这小舟之上，漫无目的地欣赏着两岸的风景。不一会儿，小舟就过了一座青石板桥，我看着两边，突然发现有一片柳树林，满眼的绿意，让我不禁多看了两眼。小宛姑娘，这是你要种下的吗？"

我摇摇头说道："是我娘生前让人种下的，我娘喜爱柳树。"

冒辟疆听完，接着说道："我正想着这里怎么会有这么大的一片柳树林，就看到这树林后面，隐隐约约地能看到一座小房子，想着喜爱住在这种地方的人，必是什么隐士高人，便立马下了船。"

我笑道："冒公子一定是失望了，住在这儿的，不是什么隐士高人，只是一个青楼歌妓董小宛罢了。"

"可不要这么说。"冒辟疆笑着说道，"原本以为是隐士高人时，我不过是想要见一面罢了，知道是小宛姑娘后，我更是迫不及待啊！"

这话说得我心里甜滋滋的。

"当我下了船之后，便直接奔着这房子来了，一开门看见是个年纪轻轻的小丫鬟，我便问她：'请问这家的主人是谁？'那小丫鬟便说道：'是董小宛小姐。'当时听到这话我便愣了，正所谓'踏破铁鞋无觅处，得来全不费工夫'，我在半塘逗留许久，都找不到小宛姑娘的踪影，今日抱着游览的心态，居然还见到了姑娘。"冒辟疆说这段的时候，眉飞色舞，逗得我不禁笑了起来。

天知道我有多长时间没有这么笑过了。冒辟疆见我笑了，也突然安静了下来，说道："总算是让你笑了。"

我愣住了，抬头看着他。眼前的这个男人的眼里，满满的都是柔和的目光，我猜不透他心里在想什么，却十分肯定此刻他的心中是有我的。他说的那么多事情，原来不过是想逗我笑，不知为何，一想到这里，我的心里满满的都是暖意。

"公子……费心了……"我有些不好意思地说道。

冒辟疆认真地看着我说道："不要总是做你的'冷美人'，你若是能笑，便是比你不笑的时候要美上百倍。"

我点点头，早已羞红了脸。

一时间相顾无言。

然而我们却并不觉得尴尬，这种寂静的相处，反而让人感到无比的舒适。这或许就是有情与无情的区别吧，若是有情人，便是不言语不行动，两人的心间也都应该是甜蜜的；若是无情人，就算有再多的花言巧语，也必然没有一丝的感觉。

正想着，丫头又走了进来，看看我俩，说道："小姐，冒公子，晚膳已经准备好了，吃饭吧。"

听到这话，我不禁向窗外望去，不知道从什么时候，天已经黑了，夜晚的幕布笼罩了整个半塘，只有那天边的一轮明月，依然坚持地在天空中散发着它的光芒。

"不知不觉，都到了这个时候了，冒公子若是不介意，不如就在寒

第五章 丛菅萋萋绿上柔荑，桂花狼藉闲深楼

087

舍用餐吧。"我说道。

冒辟疆想了想，点点头说道："好。"

这注定，又将是一个难忘的夜晚。

第三节　温存换留留不住，冒生执意要离开

我与冒辟疆坐在桌旁，继续谈话。丫头倒是有眼色，知道今晚要留冒辟疆，便准备了好的酒菜。

在饭桌上，冒辟疆还与我说了最近在外发生的大事，我不禁为自己的无知感到惭愧。锁在这小小的半塘，我已经对许多事都不知情了，更别说这天下的大事，若不是冒辟疆今日来见我，我说不定还要做许久的井底之蛙。

想着，我便给自己倒了酒，又给冒辟疆倒了酒，举杯说道："冒公子今日能够来到寒舍，是小宛毕生的福气，小宛敬你一杯。"说罢，便将一杯酒满满地喝完了。

冒辟疆见我如此干脆的样子，也将酒杯举起说道："今日能够与小宛姑娘相见，对于冒某来说，也是人生一大幸事，好，干了这杯。"说罢，一仰头，将酒喝完。

"小姐，你身子不好，还是要少喝点酒。"丫头在一旁担心地说道。

我摆摆手说道："今天高兴，便不要说了。"说罢，便让丫头退下了。

房内只剩下了我与冒辟疆。

天色已经完全黑了，房内的红烛燃了起来，影影绰绰，在房内闪动。我眯上眼睛，居然看不清冒辟疆的样子。

乌啼隐杨花，君醉留妾家。

若是冒辟疆今晚能够留下来该是多好。我想着，又不禁为自己的想法震惊了一下。我竟然已经如此抛弃了自己的矜持，要挽留一位公子，留在我家了吗？

正在思索着，冒辟疆突然说道："今日来拜会小宛姑娘，没有事先招呼，也没有带上礼品，冒某真是惭愧了。"

我笑道："冒公子又何必客气，今日你来我这陋居，便是蓬荜生辉了，本来应该好好招待冒公子的，但是无奈我母亲刚过世，家中又没有准备什么好东西，只能委屈公子吃这些东西了。"

冒辟疆忙说："小宛姑娘不必客气，姑娘的心意就是最好的，何况这饭菜也非常合我的口味，我十分喜欢。"

"当真？"我惊喜道。

"当真。"冒辟疆回答，脸上是柔和的笑容。

红烛之下，长久而美好的畅谈，是我多年来做梦都会梦见的场景，而今终于成真了，我却怀疑自己是否是在做梦了。

"冒公子来之前，我已经病了许久了。"我说道。

冒辟疆举到嘴边的酒杯停了下来，静静地听着我说。

"我在这床上躺了好多天，回想了很多的事情。想当年我爹为什么会在归途中暴毙，想他为什么除了债务之外，什么都没有留给我和我娘，想为什么绣庄的伙计会背叛我们，想我娘怎么就会病了，想我为什么会入了青楼，然而想来想去，却也得不到一个结果。"我说道，没有流泪，反而露出了一丝笑容。

"你醉了……"冒辟疆柔声说道。

"不，我没有。"我将食指靠近嘴角，微微晃动了一下，微微眯着眼看着眼前的男人，"我想了许久，也想不出个所以然，但却想起小时候，我娘常对我说的一句话。"我学着娘的样子说道，"红颜薄命，我倒宁愿你不是一个美丽的女子。"

"别说了，你真的醉了。"冒辟疆说道，柔和的声音里，满是担忧。

我摇摇头，倔强地说道："冒公子，你让我说完，我又好几年没能与人说真心话了，莫不是连你也不愿意听吗？"

冒辟疆无奈地叹口气说道："好，我听。"

我于是接着说道："但是这些事情中，最让我感到痛的，却是我娘的病逝。我不是不知道她生病，但是我却没有办法帮她，就算我进了青楼，又如何呢？我挣的钱，连欠债的利息都还不上，又哪里有钱可以给我娘治病？于是她就只好拖着这一身的病痛，一年又一年，一年又一年，终于到今年撑不住了。"

"姑娘节哀。"冒辟疆忍不住又说。

我顿了顿接着说道："我娘去世之后，我便也病倒了。我原先一直不明白，我娘为什么总是说，对她而言，生死已经没有什么两样，直到我自己病倒之后，我才明了了。"

我抬起头，看着冒辟疆说道："因为整日躺在床上，不能动，不能走，只能等着别人将每日的饭菜，和熬好的药端来，再一并喝掉，人若是做到这个程度，还有什么意思呢？"

冒辟疆忍不住伸出手，摸摸我的头说道："你受苦了。"

我摇摇头说道："不，我并不苦，苦的是我娘，若不是我，她早就应该去了，都是因为放心不下我，她才会痛苦了这么多年。"

冒辟疆似乎也不知道说什么，沉默了好一段时间后说道："你的丧母之痛，我完全能够理解，但是人死不能复生，还是节哀顺变吧。"

我苦笑道："我原本以为过不了多久，我也会像我娘一样，就这么无声无息地死去了。但是没有想到，这个时候，公子居然来找我。虽然还不至于生龙活虎，但周身也充满了力量，相比起前段时间，当真是好了许多。"

冒辟疆听到我这话，淡淡地笑了一下："能够为小宛姑娘分忧，冒某在所不辞。"

或许，是我之前一直喝的药不对，你才是我真正应该喝下的那碗药。还好你来了，幸好你来了，若是你今日仍未来，我怕是再难以与你相见了。

想着，我又为自己倒了一杯酒，一饮而尽。

冒辟疆似乎有些看呆了，忙说道："小宛姑娘，你今晚已经喝得够多了，你的身子欠佳，还是不要饮这么多的酒才是。"

我不理会他的劝阻，虽然已经感到双腿发软，但这段时间来，我一直卧病在床，已经很久没有这么痛快地喝酒了。说来真是好笑，原本我在青楼，陪那些达官贵人喝酒卖笑时，总觉得心中满是厌恶，倒是今晚自饮，却觉得乐趣无穷。

或许只是因为，陪同的人不一样了吧。

这么想着，我不禁又是一笑，无端地飞出了许多的媚态。

冒辟疆见我的样子，又是好笑又是无奈地摇摇头说道："姑娘你是真的醉了，还是早点休息吧。"

"不，上次你也是让我休息，结果早上一睁开眼睛，你就不见了。"我说道，语调里是满满的控诉。

冒辟疆听言，不禁哑然失笑道："你居然还记得。"

"当然记得。"我说道，"所以，今晚你可不能又不辞而别。"

冒辟疆无奈地点点头。

太好了，今晚，他是不会走了……

我想着，一阵困意袭来，不禁忍不住沉沉地睡去。

夜晚无声，只有蝉鸣依然在枝头吵嚷着，似乎这世间的一切都与它无关，它只用在这漆黑的夜里长久地歌唱，便能让它短暂的一生满是意义。

第四节　友人不忍直离去，行舟拜别董小宛

阳光，照到我的脸上，温温的，暖暖的。我勉强地睁开眼睛，却被阳光刺痛了双眼。

天……亮了？鸟儿的声音已经传了进来，伴着不甘寂寞的蝉鸣，红花绿叶影影绰绰闪现在我的眼前，宣誓着初夏的来到。

我有一瞬间的晃神，不知道自己现在身在何方。

突然间，昨晚的情景，如同走马灯一般在我的脑海中飞速而过。

冒辟疆！我猛然一惊，冒辟疆去哪里了？我环顾四周，屋子还是原来那个屋子，四面白壁，没有多余的装饰，单单挂着我娘生前所作的几幅丹青。唯有的一张长桌，上面摆放着文房四宝，却也已经许久没动，蒙上了些尘埃。

除此之外，只有我独自一人。我的内心突然感到万分的恐惧，忙呼喊道："有没有人！有没有人！"

没有人回答我，我便自己起床，但双腿却软弱无力，一不小心，我摔在了地上，顺带着身边的东西都哗啦啦地掉在地上，好一阵响声。

门外似乎有人听到了，匆匆跑了进来，看到我的样子，惊呼道："小姐你怎么了？"说罢便上前来要扶我。

我抬头一看，是丫头，她的脸色因为热气而显得微红，秀气的眉毛皱在一起，眼里是盖不住的焦急。

"我刚刚醒来，见谁都不在，便想自己起身。"我轻声地解释道，刚站起来，就感到一阵天旋地转。

还好丫头做好了准备，忙将我牢牢地扶住，一边说道："小姐你还说呢，昨晚你喝了这么多的酒，还醉得不成样子。"

我愣了一下，问道："我醉了？"

第五章　翠蒂凄凄绿上柔，桂花狼藉闭深楼

丫头点点头说道："醉的不行，差点倒在酒桌上，还好冒公子眼疾手快扶住了你，又喊我来帮忙，才没磕着小姐。"

我有些尴尬，昨晚原本是要好好地招待冒辟疆的，最后反倒是麻烦了他。

对了，冒辟疆，我一个激灵，忙问丫头："冒公子在哪里？"

丫头眨巴眨巴眼睛说道："昨晚夜深了之后，冒公子就走了。"

"走了？"我问道。丫头点点头，我怔住了。他明明说过不会走的……我心里想着，不由得一痛。他上一次不辞而别，我便等了三年的时间，这一次离开，难道我还要再等上三年？为何他明明说过会留下，却还是走了？

丫头看我心神恍惚，知道我心中所想，忙说："小姐你也不要伤心，冒公子此次是有要事离开，他并非是不辞而别，相信你们很快就会见面的。"

我苦笑道："上一次在青楼，他也是说有要事要走。"

丫头并不知道三年前我在青楼遇见他的详情，听我一说也是一愣。

他心中始终还是没有我的，我心想。若不是对我没有一丝情感，他也不会就这么离去。这种疼痛的感觉，像是要将我的心，生生撕成两半。

丫头看着我，很是焦急，想着劝我，却不知道从何说起，只好说道："小姐，你也不要太伤心，说不定……说不定冒公子还会回来呢？"

我抬头，疑惑地看着她。

丫头见我终于搭理她了，忙说道："丫头看来，冒公子对于小姐也是有一些情的，冒公子虽说有要事在身，但是也可能是顾忌到这大半夜的，在一个女儿家里，传出去也不好听，才会寻了一个理由离开的。"

她的话倒是提醒了我，原本我强将冒辟疆留下来的举动便是不妥当的，说不定他觉得我醉了酒，不好说话，才不反对我的提议，待我醉了之后，才寻了个理由离开。

那么，今天，他说不定还会来找我？

想着，我的心头突然一乐，原先那种悲切的情感一扫而空。对，一定是这样的，冒辟疆一定回来找我的。

我忙对丫头说道："快帮我梳洗打扮，冒公子说不定等会儿便会来。"

丫头见我有了精神，也很是高兴，忙出门打水去了。

懒起画娥眉，弄妆梳洗迟。照花前后镜，花面交相映。

都说"女为悦己者容"，我虽常年在青楼中，但却是第一次如此精细地打扮自己。女子爱美，不过都是为了能够留住自己心爱之人，因为世间男人都爱美人，于是便有了胭脂，有了画眉，有了楚楚动人的美艳佳人。

我仔细地勾画着柳眉，又点了绛唇，丫头看看我的脸色不好，便又在我的脸上抹了一些胭脂。我整理好发髻，便换上了丫头为我找到的轻纱衣裳。不多久，我便穿戴好了，站在镜子之前。

丫头满脸喜色地称赞道："小姐就是小姐，稍稍一打扮就这么的美。"

我笑笑，没有说话。镜中的女人美则美矣，却毫无声息，就像是画中走出来的一样。长久病痛折磨了我的美丽，当年的"冷美人"现在已全然变成了"病美人"。

罢了。

我心想，走向窗台，这窗户往外看，便能看到外面的小河，昨日，冒辟疆便是从这条小河来的，那么今日，他也一定会从这条小河顺水而来见我。

只是不知道要等多久罢了。

正想着，一只小舟缓缓地从远处漂来，那小舟上面，站着一个清瘦的男人，一身朴素的衣裳，眼光却向着我这儿不断地看着。

我心中一惊，那个不敢多想的念头一下子从脑海中冒了出来。

他真的来了！

所谓的狂喜便是现在这种感觉吧。我不说一语，忙转身下楼，丫头见我慌张的样子，也赶紧跟着我出了门口。

走到门口，那小舟上的人刚好要下船，我忙顺了顺自己的呼吸，将自己最美好的笑容放在脸上，盈盈地看着来人。

那男子下了舟，便向着我家的门口走来，一抬头看到我站在门口，竟是一愣。

依然清瘦的身影，依然朴质而文气的样子，是的，这就是我日盼夜盼的冒辟疆！

第五章 迢草萋萋绿上柔，桂花狼藉闭深楼

冒辟疆见到我，小步跑了上来，我再也忍不住，跑了上去，扑在了他的怀里。一种温和如阳光的气息，瞬间弥漫了我的周身。我终于进入了这个梦寐以求的怀抱，我终于有了一个依靠。

冒辟疆也紧紧地抱住了我，好一会儿才问道："你怎么待在这门口？你身子不好，早上又有风，不怕着凉吗？"

他在关心我。我心里甜丝丝的，抬头看着他说："本来是觉得有些冷，但是见到公子，小宛的病就好了。"

冒辟疆不禁笑道："能医你的病，冒某这一生也算值了。"

我笑盈盈地看着他，但又突然想起昨晚他的不辞而别，不禁心中有些恼，便问道："可是你昨晚为何又不辞而别？"

冒辟疆苦笑着说道："我一个大男人，半夜留在你这女儿家做什么？再说，我的确有要事在身，原本我今朝也是想直接离开的，免得我俩相见，又是难分难舍，但终究还是耐不住，想要再见你一面。"

"你要走？"我惊讶地问道。

冒辟疆无奈地点点头说道："冒某不才，家中有难，我还要去参加科举，怕是不能在姑娘家停留再多时间了。"

我听了，不禁恼了自己的无知。如今又是科举之时，冒辟疆必然是要去参加的，而我也并非未曾听过他家中的事，怎的会这么无礼，要求他留下呢？

想着，我便下定了一个决心，抬头对冒辟疆说道："君要离去，我也不能强留，只是希望能够多送送你，陪你多走些路。"

"你跟我一起走？"冒辟疆问道，有些惊异的样子，眼神中有些我看不懂的东西。

我坚定地点点头，而丫头也很适时地帮我收拾好了行李，递给了我。

"好吧。"冒辟疆答应道。我一阵惊喜，跟着他便上了小舟。

然而此时的我却不知道，自己正在犯一个女人常犯的错误：以为他很爱你。

第五节　小宛欲与冒生行，二十七日相别离

浒关、梁溪、毗陵、阳羡、澄江，抵北固……我已渐渐记不清这近三十日里，我们到底经过了多少地方，两岸的湖光山色不断地变化着，倒是难得可见的美景。

冒辟疆此次来到半塘，并非是独自一人，而他此次离去，也必然不会是独自一人。这艘船非常的热闹，几位与他交好的公子，都在船上，也有其他的姑娘在船上。恍惚间，我会觉得自己又回到了秦淮河上的画舫，夜夜笙歌，纸醉金迷。

"冒兄真是有福气啊，名震秦淮的董小宛居然会为了送你而上了这艘船，这可是许多人一掷千金也难以见到的美人儿啊。"一位公子说道，脸上满是戏谑的笑容。

我淡淡地笑着说道："哪里，小宛只是身体不好，难以经常见客。倒是冒公子愿意让小宛上船，是小宛今生的福气。"

"啧啧啧，"那公子叹道，"冒公子，人家小宛姑娘这可是非你不嫁啊！"说罢，船上的人都哄笑了起来。

我不禁羞得满脸通红，许久不敢抬头看人。

"好了好了。"冒辟疆也不禁笑了起来，举着酒杯将那公子带去了远处。这几日，他也知道我其实并不擅长应付这些公子，便也常会帮我，将公子们带远。然而这些人都是他的朋友，我也总是尽量地去相处。

微风吹起，空气中满是夏季花儿的甜香，两岸灯火通明，还有吵嚷的人声来来往往。仰头看天，一轮明月高挂空中，如同珍珠镶嵌在了黑色的幕布上，让所有的星星都黯然失色。

不知不觉中，已经过了二十七天了。

我坐在船头，迎着清新的河风，不禁陷入了沉思。

二十七日的时间，不知道是否能让他的心中有我更多？我心中明白，像是冒辟疆这样的公子，必然是许多女子心中的如意郎君，因而我定然是有许多的对手的。我原想在这漫长的送别当中，或许我们可以更加深入地了解彼此，能够让我们之间的感情更加深厚，然而如今的一切，却是超出了我的预想。来之前我并不知道，这小船上除了他，还有许多他的朋友，虽然也都是一些文人公子，但总归与我是素未谋面的，我这般突然冒出，连我自己都感到尴尬。

但是对于公子哥儿们而言，这漂泊在水面上的无聊日子，多个美貌的女子一同来打发，总是要好上许多的。

想到这里，我心中不禁一沉，冒辟疆对我，是不是也是这般的想法？

如果真的是这样，那么我如今所做的事情又是为了什么呢？

小舟遇上小小的波浪，有些颠簸，我突然觉得胃中一阵恶心，却依然强压住这种不适的感觉，右手紧紧地抓住船沿，直到波浪过去。

虽然我在秦淮河上的画舫待过，但那毕竟是几年前的事情了，我已经渐渐有些不适应船上的生活。

"怎么了？不舒服？"温和的男声从身边响起。我回头，冒辟疆满是关切的眼神映入眼帘。

"没事。"我淡淡地说道，随着他扶我坐在了船头。

冒辟疆还是很担忧地问道："我看你这几日似乎也不太适应船上的生活，要不到了下一处地方，你还是下船吧？"

我听到这话，愣了一下，他不说带我走陆路，也不想办法缓解我的痛苦，只是说，要我在下一处地方下船。

他原来对我的感情并未深厚吗？我想着，手指渐渐冰冷。

冒辟疆见我没有说话，叹了一口气道："你一个女子，在这全是男子的船上始终不方便，如若能够下船，那便是好的。"

我的心里凉凉的，却不知为何仍有一股气支撑着我露出笑容说道："我不过是多年未上船，感到有些许不适罢了，过不了多久也便是好了的。"

冒辟疆听了我的话，脸上神色不定，许久后才说道："那便好，我只是怕你的身子吃不住。"

沉默。

不，不能就这么沉默下去，我想着，将头轻轻地靠在他的肩上，轻柔地说道："这样的场景小宛幻想过很久了。"

"哦？"冒辟疆问道，"与我同坐一条船？"

我说道："都说百年修得同船渡，今日我能与冒公子同在一条船上，看来是我前一百世所修来的福气。但更让小宛感慨的，是可以与公子在这夜幕之下，赏星星，看月亮。"

冒辟疆听我孩子般的话语，不禁笑了起来，问道："你喜欢赏月？"

我抬起头，认真地点点头道："我从小便喜爱这月光，我还小的时候，我爹娘就常常带我在院子里赏月。"说着，又想起我父母双亡的事情，不禁苦笑道，"可惜这种日子已经回不来了。"

冒辟疆将我轻轻拥入怀中，爱怜地说道："傻丫头，现在不是有我在陪你赏月吗？"

我一愣，那些悲切的情感又涌了上来，不禁趴在他的怀里轻声地啜泣起来。

我已经弄不清楚了，为何这个男子可以一下子劝我下船，将我一个人丢下，一会儿又能对我说如此甜美的话语？为何他既然舍不得我，却不能更加轻易地爱我？我真的弄不清楚了，却唯一可以确定，我已经深深地爱上了这个男子，难以自拔。

"说起赏月，不如我们来说说诗吧。"冒辟疆突然满是兴趣地说道。

我擦擦眼泪，从他的怀中而出，笑着答应道："好啊，赏月的诗我可知道不少。"

明月几时有，把酒问青天，不知天上宫阙，今夕是何年。

月光之下，我身边的这个男子，温暖而柔和地笑着，让我如此迫切地想要他能够成为我的依靠。但是他心中的想法，我却至今不知道。月有阴晴圆缺，人有旦夕祸福。不知道我此刻的坚持，是能够成就一段佳话，还是为自己寻来了苦难。不知我遇上冒辟疆，是如同满月般的圆满，还是如残月般缺失。

"这说月亮的诗还真是多。"说了许多的诗词，冒辟疆感叹一句，转头看向我。

　　我看到他的笑容，还有那双深不见底的眼睛，深邃得如同湖水一般。而在那湖水一般的眼中，还有一个小人儿，悄悄地映在上面。那种不管不顾的想法突然席卷了我的整个脑海。罢了罢了，只要此刻他的眼中只有我，那我便是满足了。

　　我想着，不自觉露出了幸福的笑容。

第六章

银光不足供吟赏，书破芭蕉几叶秋

妾愿投君险遭凶，此生难期与君逢。
肠虽已断悸未了，生不相从死相从。
红颜自古叹薄命，青史谁人鉴曲衷。
拼得一命酬知己，追伍波臣做鬼雄。

第一节 一月行舟常作欢，小宛强笑待宴客

水路走得慢，过了一月左右，还离目的地有着许久的路程。

我对这船上的生活也渐渐地适应了，与那些公子们熟识了之后，便也会觉得他们都是些极为有趣风流的人物，时不时也能说上几句有趣的话儿。

但待的时间久了，也会有公子在喝酒时打趣儿问道："不是说小宛姑娘是来送行的吗？怎么送了这么多天还没送完？"

每当说到这里，我便会沉默下来，而冒辟疆便会将这话题引开，讨论些其他的事儿。

原本我的目的便不是在送行，但这日子过得久了，我心中也有些慌神。

这二十多日来，虽然我处处示好，与他谈笑风生，但冒辟疆始终没有给我一个承诺——他想要如何对待我，始终没有任何的说法。

然而我心中不管有多少焦急，却也不能贸贸然地去问他，有些事情，若是不问便也还能这么扯着，但若是问了，便是回天乏术。

此时，我并不知道，对于我的去留，冒辟疆与他的朋友们早已作了多次的讨论。

这一日，酒足饭饱后，我便去船头吹吹风，没多久便觉得有些腻了，想要回来与冒辟疆说说话，却不料，正好听到他们的谈话，我又细细一听，发现他们正在谈论我的事情，心下也正是好奇，便偷偷地躲在门外，听他们所说的言语。

只听一位公子说道："冒兄你素来有'东海秀影'的雅称，天下女子见了你，无不倾心爱慕，但你这次做得可真是过了，让这董小宛在船上陪了你这么久，却仍不给她一个明话儿。"

我听到自己的名字，不禁心中一惊。

紧接着，另外一个公子的声音传来："你这就不懂了，所谓朋友妻不可欺，冒兄这可是为我们着想呢。"说罢，几个男人顿时哄堂大笑。我在外面听得又羞又恼，却又毫无办法。

"好了，别闹了，小宛姑娘不是你们心中所想的那种女子。"冒辟疆温和的声音传来，让我心中淡淡的一暖。

"那你倒是说，你想怎么处理她？"先前的那位公子问道。

冒辟疆犹豫了一会儿说道："我不知道。"

那公子又哈哈大笑了起来，说道："妄你风流秦淮这么久，居然败在了这个董小宛的手上，我看这女子也不错，你不如干脆收了做妾吧。"

冒辟疆的声音里多了一些恼怒，说道："这事又怎么能如此简单地说。"

"唉，这就是你不对了。"另一位公子说道，"冒兄心中所想我也明白，如今天下大乱，本就不是说儿女私情的时候，加上现在多有佳丽落难，难不保证这董小宛不是视你为靠山。"

不是的，我心中焦急地想着，双手紧张得紧紧拽着衣裳。

"你这可就错了。"先前的公子说道，声音里带着点好笑的意味，"冒兄应该只是忘不了，另外一个佳人吧。"

"陈圆圆。"两位公子同时说道，说完便哈哈大笑了起来。

陈圆圆，这个名字像是针一般扎在我的心上。我知道在田弘遇抢佳人的时候，圆圆姐遭了不幸，一直非常担心她，但是却不知道原来她与冒辟疆之间也有过一段，原来冒辟疆一次次前往苏州，竟是为了圆圆姐吗？

想到这里，我的心已痛得难以忍受，却依然强忍着泪水，听着他们接下去的对话。

过了许久之后，冒辟疆才缓缓地说道："我与陈圆圆已注定没有缘分了，缘分不到的事情，我冒某也从不强求。比起逝去之人，我冒某更加重视眼前人。小宛姑娘为一代佳人，是天下男子争相求识之人，我能得到小宛姑娘的青睐已是福气。只是如今我家中多事，实在是担不起她的责任了。"

船舱内一阵沉默，许久之后，才有人说道："冒公子并非是背信弃义之人，只是这天下乱象，拆散了多少的有情男女。"说罢，又是一阵唏嘘。

而我却已经隐忍不住，奔到了船头，任泪水从我的眼角滑落。

我不求他能为我做什么事，只是想要待在他的身边，为了他，我可以做一切事情，我今生所求的，只是要他不要扔下我。

然而便是这一点，却也是奢望。

水面是如此的平静，天色渐暗，水面变成了细密的黑色，如同我的心一般死寂。

一切都已经结束了吗？我心中想着，一种绝望的情感漫了上来。

此时，我们已经身在金山，离此行的目的地也近了许多。想来这一个多月的时间，我早已算不上是为冒辟疆送行了，而是将自己整个人送到了这船上，与并不熟识的公子谈笑，眼中却始终只有冒辟疆，只是一直地看着他，从未转移。

但我的感情，是否就像是石沉湖底一般了呢，是否就真的再也得不到回应了？我越想，心中便越是凄凉。

湖面上的风渐渐大了起来，水流动的速度也逐渐加快，水面的平静逐渐被打破，待到人反应过来时，已是起了大浪。

不，我不能放弃。心中的一个声音说。我好不容易等到了这样的一个男子，怎么能够因为别人的几句轻薄之语便放弃了呢？更何况，冒辟疆自己不也说了"比起逝去之人，他更珍惜眼前人"吗？我不正是他的眼前人？

想到这里，我心中突然充满了力气。

对，我不能放弃，他若希望我是贤惠的，我便是贤惠的；他若希望我是美丽的，我便是美丽的。只要能做到他所爱的，我必然也能成为他所爱。

"小宛。"熟悉的声音响起，我忙将眼角的泪水抹去，转为一个灿烂的笑容。

冒辟疆一边上前一边说道："看来是要变天了，你快跟我回船舱吧。"说着，看到我的脸，便是一愣，柔声问道，"怎么哭了？"

我忙擦了擦脸说道："没什么，不过是又想起我爹娘，有些伤感了。"

冒辟疆听言说道："过去的事情，便任其而去吧，你倒是别伤了身体，

第八章 银光不足供吟赏，书破芭蕉几叶秋

误了自己的将来。"

我点点头，挽着他的一只手问道："冒公子，小宛想问你一件事。"

冒辟疆奇怪地问道："什么？"

我定了定神，鼓足勇气问道："我能否与公子同行，一起到南京？"

冒辟疆的脸色瞬间变化，好半天才说道："冒某并不是不愿意，只是小宛姑娘身子欠佳，冒某此行又多是凶险，怕姑娘跟着受累。"

"我不怕。"我坚定地说道，认真地看着他，"只要公子不嫌弃，妾身也必然如这东江水一般，滚滚而流不回头。"

冒辟疆怔住了，看了我好一会儿，才说道："先回去吧，其他的再说。"便拉着我回了船舱。

第二节　若然卿果终如愿，当一掷得巧去留

然而我并不知道，我在这船上的日子，很快就要走到尽头了。

那一日，公子们在船上设宴喝酒，我在一旁弹琴助兴。这一日本是风平浪静，水面无痕，一如在这船上多个日子一样，我只用安安静静地坐在一旁，看他们相互之间的谈笑便好，待到他们尽欢，我便可以与冒辟疆在船头小小地坐一会儿，这便是我一天中最为美好的时间。

然而，一位公子却突然问我："说起来，小宛姑娘这位红粉佳人在这船上似乎很久了吧？"

我愣了一下，含笑说道："怎么？公子嫌小宛烦人了？"

那公子忙摆摆手说道："当然不会，有小宛姑娘陪着我们这些人，这一趟船上行多了不少的趣味，我怎么会嫌弃姑娘呢？只是我原本记得姑娘是来给冒兄送行的吧，怎的送到现在还没送完吗？"

我早就料到，有一日一定会有人这么问我。我又何尝不想下船，我又哪里真的愿意与这些公子们强颜欢笑，只是冒辟疆至今都未给我一个答复，我不甘心，便不能走。

这话题似乎引起了船上男人们的兴趣，他们纷纷开始议论我的去处。

我偷偷看向冒辟疆，却见他只是在专注地喝酒，一言不发。

心，瞬间便凉透了顶。

若不是还有一股气在支撑着我，怕是这时候，我已经昏厥在地。

这时，席间的一位公子说道："这几日，我倒是频频有听到冒公子顾忌姑娘的身体，想让姑娘早日下船，但是姑娘情深意切，定然要陪在冒兄的身边，不知是否是真的？"这话明摆着说我是自己倒贴上来的。

我听到这话，心中又急又恼，眼泪刷地一下便流了下来。

我是真的伤心，这多日的委屈，情郎的无视，以及这对一个女子的

侮辱，都让我恨不得能够投水自尽。然而若是要寻死，我早在半塘便有多少的可能，又何必要到这船上来？我不甘我这多日受到的苦，不甘我所受到的苦，没有得到我想要的回报。

那些公子们见我情绪来得如此之快，也都有些惊慌失措了，纷纷求助冒辟疆，冒辟疆见我的样子，似乎也心软了，说道："小宛本来就是我的客人，她想要在这船上待多久便可以待多久，我怎会赶她下船呢？"

说着，便向着我走来，将我轻轻地搂在了怀里。

不是的，我并不是想要留在这船上，我想要的是多点与你共处的时间，我留在这船上，无非就是想要赢得你的心，让你许我一个承诺，也好让我在半塘有个念想。

席间的众人便都沉默了。

过了好一会儿，突然有一位公子说道："我这儿倒是有个想法，若是小宛姑娘愿意一试，倒会是个万全之策。"

我皱皱眉头，向那公子看去。那是船上一个喜好赌的公子，平日里便是流里流气，虽骨子里也有几分文人的骨气，但我在风月场所待得久了，便是对这种好赌之人没有一点的好感，此刻他所说的"办法"，也无端地让我感到厌烦。

还未等我说话，那公子便指着桌上的东西说道："这是'五木'，小宛姑娘待过风月场所，必然知道是什么。在下虽与姑娘并不熟识，但是就这几十日的相处下来也能猜到，小宛姑娘其实对这趟行程并无太大的兴趣，不过是因为冒兄在这船上罢了。这么下去，也总不是办法，倒不如，今天让老天决定。若是老天觉得姑娘应该留在冒兄的身边，那便出一个满堂彩，若是没有，便是老天不允许了。所谓愿赌服输，姑娘意下如何？"

满堂彩，便是这赌局中最难出的一种，我犹豫地看着他们，不知该如何是好。其他的公子听到这个建议，都露出了期待的神色。

"别胡闹。"冒辟疆似乎有些恼怒了，声音里都带着怒火，"怎么可以如此轻浮，小宛，你随我回船舱。"

我看看他，又看看这桌上的五木。我向来厌恶赌术，然而此刻若是不用这法子，我要等到何时才能等到那应该属于我的承诺？我心之虔诚，上苍一定是知道，他必会怜我心诚，而助我一臂之力。想着我便松开冒辟疆的手，看着他一瞬间惊异的表情说道："我掷。"

那些公子们一下子便起了兴趣，兴奋得原本酒足饭饱后的慵懒一扫而空，纷纷饶有兴趣地将桌子空出了地方，给我让出了位置。

"小宛……"冒辟疆轻声呼喊着我，我抬头看了看他，他的眼里满是我不懂的情绪。

"你放心。"我说道，"我董小宛虽不是全然迷信的人，但也信天命，若是今天老天让我放弃你，我便马上下船，此后一生都不会再烦你。"我并不知道，此刻自己的脸色已经苍白，我勉强挤出的笑容，便像是挂在白布上一样。"但是，"我接着说道，定定地看着冒辟疆的眼睛，"如是今日老天认为我也该与你一起，那么我董小宛也必然听天的话，今生今世，都只认冒郎你。"

冒辟疆似乎被我的决绝吓到了，许久之后才默默地点了点头，看着我缓缓走向了那张放着五木的桌子。

我将小小的五木紧紧地握在手心，向着东方的位置，肃然一拜，心中是最为虔诚的期盼。拜完之后，我又看了一眼手中的五木，闭上眼睛合十祈祷。

命运，总是一件让人肃然起敬的事，这世间所有人都必然不敢慢待自己的命运。然而可笑于我，竟要用着五木来决定自己的命运，这要是说出去，世人必然会耻笑董小宛，这一生竟然会断送在一个小小的五木上。

想着，我睁开眼睛，轻轻地将五木掷在了桌上。

所有的人都屏气凝神，专注地看着我手上的五木。

时间仿佛在这一刻停止了，四周水波荡漾的声音，也被我拦在了耳朵之外，我甚至听到自己心脏跳动的声音，"扑通"、"扑通"，似乎在下一刻，便会跳出哦的喉咙。

那五木短暂而急速地在桌子上跳动，最终静静地躺在了桌上。

我屏住呼吸，不敢相信眼前所看到的。

周围的人也都没有发出声音，一切都静止了。

许久之后，才有一个公子，用颤抖的声音，难以置信地说道："这……

真是奇迹啊。"

我依然愣愣地望着桌上的五木，突然之间，泪水决堤，涟涟不止。

满堂彩。

老天保佑，我真的掷出了一个满堂彩。

第三节　冒生狠心弃小宛，无奈重回旧居处

"哈哈哈，没想到我随便这么一个提议，倒是成就了一段佳话啊！"原先提议的那位公子第一个站了起来，无不得意地说道。

"你还别说，知道这满堂彩有多难掷吗？你提着建议，本就是打算着拆散他们吧。"另一位公子笑着说道。

提议的公子有些急了，忙说道："饭可以乱吃，话可不能乱说啊，我提的这建议，可是一个万全之策啊，你看着他们两人，不也觉得着急吗？却还不是一直想不出一个办法。"

"那倒是，你平日里别的不说，这出馊主意的本事倒是我们之中最好的。"

"什么馊主意？你说什么呢？"

一帮年轻的公子们，几句话便打闹了起来。我怔怔地坐在那儿，一身的轻松，方才那种仿佛将人心脏捏紧的感觉已是恍如隔世。

冒辟疆在哪里？我猛然想起，擦了擦自己的眼泪，抬头寻找他的身影，却是怎么也找不到了。

他在哪儿？他看到刚才的结果了吗？我心中焦急地想着，忙站了起来，却一不小心踢到了桌子，一阵钻心的痛向我袭来，但我此刻已顾不得这个，只是茫然地寻找着冒辟疆的身影。

"他去船头了。"一位公子对我说道。我抬眼望去，便是刚才提议让我掷五木的那位公子。

我对他笑了笑，说道："谢谢，公子的大恩大德，小宛一定会相报。"

说着，我便转身向着船头跑去。

我不知道，那为我指路的公子，在我离去之后，便是眼色一暗，叹息道："我真是出了一个蠢主意。"

"倒也不蠢。"另外一个公子嬉笑着说道，"若是她掷不出满堂彩，必然就只能放弃冒兄了，而你便有机可乘了，如此痴心的佳人，你会动心也不奇怪。"

那公子苦笑着摇摇头，又抬头看了看天，无奈地说道："但我怎样，都还是斗不过天啊。"

船头。

水面平静得如同镜子一般，唯有微风吹过掀起的小小涟漪，才会让人想起，自己还在小舟上荡漾。

冒辟疆站在船头，背对着我，一言不发，此情此景，让我心中不禁有些失落。

我原以为，他会高兴地奔上来，亲热地抱着我，说些柔情蜜意的话，但是他只是默默地走到了船头，不对我说一句话。

"冒郎？"我试探地喊道。

冒辟疆的身影怔了一下，缓缓地回过身来。

他的脸上依旧是温和的神色，淡淡的笑容，一如往常地看着我。我的心里突然松了一口气。

我走上前，轻声问道："冒郎，你是否看到刚才的结果了？"

冒辟疆点点头说道："我看到了，你掷了一个满堂彩。"

我心下狂喜，不禁笑了出来说道："真是想不到，我原以为这一定是不可能的事情呢。"

冒辟疆沉默地点了点头。

相顾无言。

小船遇到了一个波浪，起了一个不大不小的颠簸，浪花稍稍溅起，沾湿了我的衣裳，然而此刻我的心中，却早已惊涛骇浪。

"冒郎。"我轻轻地咬着自己的嘴唇，认真地说道，"这是天定的，你知道吗？"

冒辟疆苦笑了一下，说道："我知道，但这世上并没有如此容易的事情，你知道，我如今正是要去参加科举，不太想将心思放在儿女私情上。"

我看着他，坚定地说道："我可以等你，我等了你三年了，必然还可以等你更久。”

我不过是要你一个承诺，你却吝啬得连这一个承诺都不肯给我。

冒辟疆看着我，欲言又止。

我知道他心中想着什么，那种撕心裂肺的痛楚又漫了上来，但我强忍着，对他说道：“你放心，我董小宛虽然沦落风尘，但绝对不是趋炎附势，苟且偷生之人。我绝不是为了在这乱世中找靠山，才寻到了你，而是真心想待你好。从几年前，我在秦淮画舫，听到有人说你的事情时，我心中便有了你。三年前在半塘遇见你，虽你逗留的时间不长，但我也已对你倾心，到此次再遇到你，我便知道，我的心已在你这里。”

冒辟疆有些惊异地说道：“那日我们在船舱的笑谈，你都听到了？”

我沉默，而后点点头。

冒辟疆的眼中多了惭愧和歉意，过了许久才说道：“我并非是对你有所猜忌，我只是恨我自己无能。”

我不解地抬起头看着他。

冒辟疆叹了一口气，眼中痛苦：“我并非不知道你的心意，你对我如此真切，我又岂非没有感觉？然而我冒家现下也正是落难的时候，如果我要纳你为妾，必然要帮你赎身，然而你身上欠下的债，还有为你赎身的钱，我却是毫无办法。”

纳妾？赎身？我不由得惊了，痴痴地望着他。

冒辟疆见我惊讶的样子，不由得笑了起来，亲昵地揉揉我的脸说道：“怎么这么一副表情。”

“我不知道……你已经想到了这一步……”我太过吃惊，连话都说不完整。

冒辟疆无奈地说道：“所以，我才迟迟不能下决定。但是还好。”他轻轻地拥着我说道，“你这满堂彩倒是给了我一个定心丸，既然我们的缘分是上天注定的，那么我们必然会有办法能够在一起的。”

我的心中已是难以言喻的狂喜，扑进了他的怀里。果然，一切其实都是我的杞人忧天吗？这样说来，我的那些猜疑倒是我的不懂事了，我并非不知道冒家的状况，他能如此为我考虑，我已是最大的满足。

“所以，”冒辟疆顿了一下，说道，“既然我们的缘分是天注定的，

第六章 银光不足供吟赏，书破芭蕉几叶秋

113

要不，你就先结束这一趟旅程，待到我科举回来，我们再从长计议？"

对，科举是最重要的。我想到，便抬起头对他说道："你说得对，这一趟行程，是我任性了，到了下一站，我便下船，自行回半塘。"

"当真？"冒辟疆问道，眼中是掩不去喜意。

我点点头，心中一凉，却依然带着笑容说道："是的，我回半塘等你，等你将一切事情处理好之后，再来找你。"

冒辟疆叹了一口气，轻轻抚摸着我的乌丝。

三十多日的行程，我最终下了船。我来时带来的行李不多，走时也不多。我站在岸边，看着那艘载着冒辟疆的船越行越远，脸上的笑意渐渐地淡下。

他说心中有我，却还是将我从船上放下了。

他说我们的缘分天注定，却依然让我回到半塘，无穷无尽地等待他。

我心中岂非不知，他最终还是没有给我任何一个有分量的承诺。

我愿意下船，只是为了他那一句"为你赎身，纳你为妾"这虚无到甚至不存在的谎言，破了我长久以来的坚持与隐忍。

夕阳西下，岸边的人都匆匆来往，其中也会有人时不时地停下来，看看一动不动站在岸边的我。凄惶的泪水流下，我却再无力气去擦拭自己的脸庞。

第四节　得闻冒生赴科举，义无反顾上南京

回了半塘，已是初秋时候。

风中已经有了凉意，屋外的柳树已失去它绿意盎然的生机，转而归于沉寂，这屋子便显得更为寂静了。我坐在窗前，望着窗外的初秋风景，想着今年又看不到美丽的秋菊，不由得叹了一口气。房内有些乱，我让丫头将墙上的画收拾起来，这房中便更加空荡了。桌前是丫头为我泡好的茶，还散乱着我这些日子写的字、作的画，以及一些未读完的书。我随意从这之中拿起一本，想要好好地看看，没看一会儿，心中便焦躁得很，终是将书本放下，继续将目光投向窗外。

我回来的那一天，丫头正在门前扫地。我像是失了魂儿一样，背着我那小小的包裹，一步一歪地走在路上。有好几次，我都觉得我会死在这路上，就像我爹那样的客死他乡。然而终是上天眷顾我，没有让我如此早地丧命，这一路上倒是遇上了不少心善之人，见我一个弱女子，也未有起坏心，倒是帮了我不少。

我一进院子，丫头便看到了我，她先是愣了一下，转而惊呼一声："小姐！"便扔下手中的扫帚，向我跑来。而我也终于坚持不住，倒在了丫头的怀里。

然而，我依然不可避免地大病了一场。这几日，我躺在床上，恍恍惚惚之间回忆起了过往的许多事情。年幼时，我爹娘对我的怜惜，那终会盛开的秋菊，以及墨黑天空中皎洁的明月。几年前在秦淮画舫中的生活，纸醉金迷，沉醉而不可自拔。而后便是在半塘与他的相遇，相识相知，我奋不顾身地追寻，却最终不过是自讨苦吃。

这些原本隐藏在我脑海中的记忆，便像是走马灯一般，历历在目。我突然觉得，自己或许始终在做一个梦，一个漫长而残酷的梦，或许等

第六章　银光不足供吟赏，书破芭蕉几叶秋

我醒来，便会发现自己仍然还在十三岁时的那个春天，百花盛开，美若仙境。

待我从这浩瀚的回忆中醒来时，已过了三天。

丫头在我的床前也整整伺候了三天，原本圆润的小脸也迅速地消瘦了下去，看得我一阵心疼。我悲伤叹息，都不过是我自己的事情，却让这世间唯一关心我的小丫头也受了累。丫头见我醒来，脸上满是欣喜之色，忙去下厨给我做了好些吃的，我却一口也吃不下，一闻到肉味便感到胃中一阵恶心。丫头没办法，又帮我做了几道素食小吃，我才勉强吃了几口。

那之后，我便只吃斋菜，不沾荤腥。原本就单薄的身子便更加消瘦了下去。丫头急得要命，直说："小姐，你再这样下去要变成纸片了啊。"

我却只能摇摇头说道："不是我不想吃，我真的吃不下。"

几十日在船上寻欢作乐的生活，让我彻底厌恶了肉味。

丫头拗不过我，只能想着法儿在饭菜里多下点心思，我见她打理着家中大小事务，也是真的累，便接过这做饭的事情，一来也能做些我自己爱吃的，二来也让丫头可以轻松些。

由始至终，丫头没有问一句关于冒辟疆的话。

这聪慧的孩子，该是从见到我回来，便知道此行我并无收获了。

我也不愿意再提起在船上所经历的那些事情，好在也绝少有人会来问我这些事儿。我不去青楼，日子便也清静，只是偶尔，青楼会派人来问我何时会回去接客，也会有相识的公子会派人来邀请我出门，这时，我才会突然想起，我还是堕入青楼的董小宛，我身上还有许多的债务没有还清。

一瞬间，身上的力气便全部被抽空了。

这几日的疗养之后，我便又会回到那青楼之地，继续与人谈笑，或许哪一天，我真的会因为什么原因，死在这青楼之地。

那倒是可以留个"千古名妓"的称号了。我戏谑地想着，心中不禁地酸。

门外响起了脚步声，我猜想是丫头回来，便起身缓缓地向外走去，一边说道："丫头，今天你回来得可真迟。"

丫头见到我，想要说什么，但是又不说出口，一副欲言又止的样子。我问道："怎么了？你有什么话想说的？"

丫头犹豫了一下说道："小姐，有人告诉我，说冒公子要上南京考科举去了。"

我愣了一下，没有说话。

丫头见我一言不发，以为我生气了，忙说道："小姐你不要生气，我知道你不想提起冒公子，是丫头不好，哪壶不开提哪壶，但是丫头见小姐多日郁郁寡欢的样子，知道你还是在想这件事情，忍不住就去打听了下……"

我苦笑着摇摇头说道："你一片好心，我怎么会怪你呢？我与冒公子之间的事情，再大再小也是我与他之间的事情，不能怪你一分。"

丫头见我没有怪罪她，舒了一口气，又小心翼翼地问道："那……小姐，你去找他吗？"

找他？我不由得退缩了。

我在半塘等了他如此之久，最后也不过换来了几十日的寻欢作乐，除此之外，我又还能获得什么呢？

如今我若是去找他，他难道会对我好一点吗？

我想着，心中一阵一阵地刺痛着。

问世间情为何物，我到底是为什么，要将心放在这样一个，并未将我放在心上的男人的身上？我为何要作践自己，让自己无处可逃？

"你觉得我应该去吗？"我问丫头，丫头看着我，眼中是我未曾见过的坚定。我听她一字一句地说道："小姐，我本不该管主子的事情，但是我觉得你应该去。"

我不解地看着她，问道："为什么？"

"因为你心中有他。"

我苦笑道："可是上次我上了他的船，最后还是灰溜溜地回来了。"

"可尽管如此，小姐你还是忘不了他啊。"丫头说道。

我怔住了，我没有想到，丫头是如此通透我的心，这几日的时光，她默默地注视着我，知道我的心中一直都只想着冒辟疆，心中焦急万分，却毫无办法，只好出门打探冒辟疆的下落。

117

如果这一次，我仍然未能打动冒辟疆，那么我与他便是真的无缘了。我心中想着，也愿给自己一个了断，于是抬头，看着丫头的眼睛，说道："我去，最后一次去找他。"

第五节　路遇强盗险丧命，生死存亡一线间

苏州虽然离南京不远，但也是要走水路，来去也要好长一段时间。

此次离开半塘，丫头说什么都不愿意让我一个人去。我知道这孩子是担心万一我又没有得到好的待遇，会在途中伤心自尽，就算我能挺住，也难保不会在路上遇到危险。虽然我再三保证，但丫头也毫不退缩，嚷着"小姐去哪里我就去哪里"，我只好也带上了她。

从苏州到南京要走水路，虽然我已走过多次，如今心中却比第一次独自前往南京的时候更加紧张。

一路上，我和丫头两相作伴，一起说说话，倒也不觉得孤单。船家是一个四十多岁的老大爷，姓胡，是生活在半塘的一个老实人，可惜家中遭遇不幸，妻子早年得病去世，膝下无子，便成了独身一人，唯有做船夫还算得上是拿手，便靠着这生意过活。

这一趟，便是这胡大叔送我们上南京。

前几日还好，一路都是风平浪静的，甚至连波浪都很少遇上。但胡大叔说，最近局势不稳，这湖上出现了很多强盗，他们会趁着夜黑风高，上船抢劫，我们这只船上又缺少男丁，保不住会成为他们的猎物。

这一番话让我和丫头都惊了心，警惕地看着四周，却也只能看到平如镜面的水。

下了一条船，又上了另外一条，我想到，无奈地笑了一下。丫头在一旁看到我在笑，心下好奇，便问道："小姐，你在笑什么呢？"

我摇摇头，没说话。

丫头也不在意，好奇地观望着四周，时不时地问我些问题。我知道这是她第一次出远门，必然会对看到的东西产生许多疑问，便也好好地回答她。但过了没多久，丫头便安静了下来，有些索然无味的样子。

第六章　银光不足供吟赏，书破芭蕉几叶秋

我见她兴致缺缺的，便问道："怎么了，没兴趣了？"

丫头点点头，又摇摇头，说道："我是不明白了，这湖水有什么好看的，看来看去不都是一个样？"

原来是走水路太无聊了，我想着，早知道该带着丫头走陆路，虽然更加辛苦，但也还能让她见识点东西。我说道："文人出行，可不是为了看湖水，诗情画意总是隐藏在湖光山色中，历代也有许多咏叹自然之景的诗词，都是在经历了这些旅程之后才写出的。"

丫头想了想，"扑哧"一声笑了出来，说道："算了算了。小姐，我这样的粗人就不去懂这些了，你们文人的东西还有心思太复杂，就像是冒公子一样，怎么都猜不透。"

听完这话，我便愣住了，丫头也自觉讲错了话，忙打了两下自己的嘴巴，充满歉意地说道："小姐对不起……丫头没心没肺的，有说错话了。"

我摇摇头说道："罢了，你说的也并非有假。"

若是有心与我一起，那么便不要放弃我，若是无心与我一起，那就不要给我希望。

但他从一开始便就给了我莫大的希望，却又迟迟不给我承诺，他的心里在想什么，我是当真不知道。

想到这里，我的心情又沉重了起来，丫头看看我的脸色，也不敢多说话，只好默默地坐在我的身边，一声不吭地看着周围一成不变的风景。

入了夜，这水面上便会变得无端让人感到恐惧。湖水映着天，也是黑漆漆地一片，唯有一轮明月高挂空中，影子映在水面上，时不时因为微风而晃动一下。

我便拉着丫头进了船舱，留着胡大叔一人在船舱外守夜。

秋日的气息已经越加浓郁，气候也有些变冷了，幸而我们此次带了些厚衣裳出来，也免得夜里着凉。丫头躺在我的身边，时不时地与我说说话，但是没多久便睡着了。我听着她均匀的呼吸声，不禁淡淡地笑了。虽然已经成了一个大姑娘，但丫头依旧很是孩子气，有时候我会因此而感到无奈，但更多的时候，我感到欣慰，我身上早已没有的东西，在她身上还满满都是。

虽然做好了心理准备，但是我们依旧没有料到，自己居然会真的遇

120

到在湖上游荡的强盗。

这一日，天气很是晴朗，我便和丫头在船头聊天，正在兴头上，胡大叔突然走过来，一脸严肃地说道："小姐，你们先去船舱里躲一躲，我们可能要遇到强盗了。"

我和丫头一惊，不自觉地看看周围，不远处有几艘船正在慢慢地移动，但是不像一般的客船，那几艘船上只有一个年轻人站在船头，机警地看着四周。附近还有几艘零散的客船，若真是强盗，怕现在正在掂量选择猎物吧。

"他们似乎还没有发现我们，等下我将船慢慢地藏进芦苇里面，两位小姐先委屈你们在船舱里待着。"胡大叔说道，脸上的神情很是焦急。

我点点头，嘱咐了一句"小心"便拉着丫头的手进了船舱。

我们静静地坐在船舱里，能感受到船在缓缓地移动。胡大叔正在缓缓地将船移近芦苇丛中。船舱里有一条小缝，刚好能够看到外面的光景，我便凑了上去。

突然间，湖面上响起了一阵嘈杂的声音，有孩子的啼哭声、妇人的哭泣声，还有男人生气怒骂的声音。丫头有些胆怯地拉拉我，问道："小姐外面怎么了？"我也紧张得要命，只做了一个"嘘"的手势，让丫头不要说话。

外面，强盗们已经开始行动，他们挑了一条船，便上去迫使那船主停了船，他们手上拿着兵器，船上的男人们也不敢反抗，只能带着自己的妻子被赶出船舱，眼睁睁地看着强盗们进船舱搜刮自己的财物。

我们所在的小船还在缓缓地移动，已经能够听到芦苇刮过船舱时发出的声音了。我将视线收回来，发现自己的手已经冰冷得没有知觉，拉着丫头的手，发现她的手也在剧烈地颤抖着。我心中很是恐惧，但此刻必然不能慌了神，便强压着自己的情绪，轻声对丫头说道："别怕，我们是安全的。"

丫头苍白着脸，点了点头。

第六章　银光不足供吟赏，书破芭蕉几叶秋

121

第七章

病眼看花愁思深，逃窗独坐抚瑶琴

一入复社喜知名，梦绕肠合线识荆。

花前醉晤盟逢理，劫后余生了夙因。

第一节　霉运连连无可躲，三日无炊苦难熬

芦苇刮过船舱所发出的声音越来越响，我知道我们已经渐渐地深入芦苇丛了，心稍稍有些放下。再从船舱的缝隙中往外看，满是绿油油的芦苇，我才真的舒了一口气。

丫头见我的样子，也安心了一点儿，拉着我的手轻声说道："小姐，我刚才好害怕啊。"

我笑笑说道："我比你还怕呢。"

正说着，胡大叔从船舱外猫着身走了进来，一边说道："外面的强盗应该差不多要走了，我们再等会儿，等到他们都走光了再出来。"

我和丫头点点头，便一声不吭地坐在船舱中。

时间渐渐地过去了，丫头忍不住地问道："胡大叔，差不多了吧，我们还要赶时间呢。"

胡大叔为难地说道："小姐，不是我不想走，但是这些湖上的海盗难以捉摸，我也是以防万一才再等会儿啊。"

我拉拉丫头的手说道："这水面上的事情，胡大叔比我们清楚得多，就让胡大叔决定吧。"

丫头瘪瘪嘴，没说话。

又过了一会儿，胡大叔起身，弯着腰听了一会儿外面的动静，便小心翼翼地走了出去，没一会儿便回了船舱，高兴地说道："小姐，强盗们都没影儿了，我们可以走了。"

我和丫头瞬间都乐了，相视一笑。

胡大叔便又立刻出去了。

"小姐，我收回之前说的话。"丫头突然说道。

我一愣，问道："什么话？"

125

"就是之前说的，不知道那些文人们为什么如此热衷于写湖的话啊。"丫头说道，两眼笑成了两道弯月。"这行程可真是太刺激了。"丫头接着说道，眼中满是兴奋的样子。

我不由得用手指戳了下她的脑门说道："你可开心了，我可吓死了，我可不希望这路上再遇到什么事儿呢。"

丫头吐吐舌头，做了个鬼脸。

主仆两人正闹着，突然，船似乎撞到什么东西上面了，猛地一晃，我和丫头都没坐稳，"哎呀"一声，便狠狠地摔在了地上。

"小姐，小姐你怎么样？"丫头慌张地问道，把我从地上扶起来。那奋力的一摔似乎是磕到骨头了，我周身疼痛不堪，丫头忙帮我揉身上痛楚的地方，一边喊着："胡大叔你怎么开船的？把我家小姐都摔倒了！"

胡大叔没有说话。我们正感到疑惑，胡大叔从船舱外走进来了，一张疲倦的脸上满是失魂落魄的样子，胡大叔看着我们，好半天才微微颤颤地说了一句："小姐，我们怕是到不了南京了，船的桅杆坏了。"

我和丫头顿时就愣住了，丫头立马起身，"噔噔噔"地走出船舱，不一会儿又小跑着回来，焦急地说道："小姐，桅杆真的坏了！"

刚出了狼窝，又进了虎穴。

我愣在了原地，久久不能回过神来。我千辛万苦前往南京，不过是想要寻找到他而已，为什么会有这么多的障碍呢？难道我与他之间当真如此没有缘分？

我看向胡大叔，轻声问道："接下去我们该怎么办？"

胡大叔颓唐地坐了下来说道："这地方来往的船只应该很多，但是我们现在在芦苇丛中，很难被发现，为今之计只有在这里等了。"

丫头一听，焦急地说道："这不是坐以待毙吗？何况，这船上有吃的吗？"

胡大叔叹口气说道："有点干粮，但是撑不了多久，若是干粮吃完后还是没人能发现我们，那就只能挨饿了。"

胡大叔的这番话，听得我愣住了，我呆呆地看了一眼丫头，眼泪又不争气地掉了下来，说不定我们会死在这里，说不定连死了都没有人会发现我们。我不过是想要上南京去寻我的爱郎，为何要遭遇如此多的磨难？

丫头见我的样子，忙上前替我擦眼泪，一边擦一边说道："小姐你不要害怕，丫头不会让你出事的。"说着还转头对胡大叔说道，"胡大叔，你也试着看看能不能把桅杆修理好吧。"

胡大叔摇摇头，又点点头，叹息了一声便出了船舱。

身在芦苇丛中，我们就像是被隔离在了另外一个世界，我们出不去，别人也没有办法发现我们。恐惧，让我的眼泪一直不停地流，我遇上过这么多的事儿，从未像这一次这么的让人绝望。

丫头擦着我的眼泪，似乎也被我的情绪所感染，渐渐地也开始默默地哭泣，一边哭一边说："小姐，我们可能要在这里待上一段时间，你身子弱，要保存体力啊。"

我点点头，想要止住自己的泪水，却怎么也没有办法。

这时候胡大叔又从外头进来了，看到我们主仆两人哭成这样，似乎也很是为难，犹豫了一番之后，将一个装着干粮的布袋递给我们说道："大部分的干粮都在这里面了，不知道会在这个地方呆上多久，你们自己也省着点。"说着就出了船舱。

丫头愤愤地说道："这胡大叔，真是坏事儿。"我忙止住她说道："这事儿不能怪胡大叔，若是不躲到这芦苇丛中，我们现在说不定已经遇难了。"丫头听闻点了点头，将布袋打开，惊呼了一句："这么少，小姐，顶多撑两天啊。"

我叹口气道："我们在这湖上也过了许久了，原本就应该是在下个地方上岸置备干粮的，哪知道会遇到这种事。"

丫头皱皱眉头，小心翼翼地问道："小姐，万一我们真的出不去该怎么办啊？"

我抹干脸上的泪水，没有回答。

不知不觉中，五天过去了。我们已经没有干粮和淡水了，只能每天饿着肚子躺在船上。依然没有船只能够发现我们的存在，长久的等待，已经将我们的恐惧也渐渐磨平，只剩下无尽的空虚。

"小姐……"丫头轻声地唤着我。我眨眨眼算是回复，我已经没有力气说话了，只能用这种方式来表达。丫头缓缓地移动到我的身边，躺下，轻声说道："小姐，再支持一会儿，肯定会有人能看到我们的。"

我缓缓地眨了眨眼，算是应允。

粮食已经断了三天，我们三人的体力都已消耗得差不多了，唯有胡大叔还能在船上活动，查看周围是否有船家经过。

难道我就要死在这无人之地了吗？我想着，连感到悲痛的气力都没有了。

"小姐！小姐！有人来了！"突然之间，胡大叔满是兴奋的声音响了起来。我想要回应，却再也没有力气，晕了过去。

第二节　千辛万苦赴南京，静心等待未见君

再醒来的时候，我已经身在南京。

外头是熙熙攘攘的人流声，满是繁华的样子。我回头，看到丫头正趴在我的身边，似乎因为太累而睡着了。随我上南京，这孩子也消瘦了不少，我爱怜地摸摸她的头发，心中满是歉意。

我晕倒之后，发生了什么事情？

我拼命地回想着，脑海中一点印象都没有。我只能猜到，在我昏厥之前，我们终于等到了那一艘可以看到我们的船，而后丫头和胡大叔便将我抬上船，又过了一段时间，才终于来到了金陵。

这一趟行程，未免有些太过于危险了，我想着，忽然感到口渴，便想起身倒杯水喝，却不料轻轻地移动，便惊醒了丫头。

丫头从梦中醒来，迷蒙地眨眨眼，看我坐在那儿才瞬间清醒过来，激动地说道："小姐你可总算是醒了！"我看着丫头，心中的苦涩一下子便漫了上来，泪水哗哗地往下掉。

丫头被我这一哭给弄糊涂了，忙倒水递给我，又跑去拿毛巾，一边拿一边说："小姐你怎么了，小姐你别哭啊。"

我却全然止不住自己的泪水，那种死里逃生的感觉让我的内心不断地震动着。原来，这便是所谓的"劫后余生"，原来这便是从鬼门关出来的感觉。在湖上的时候，我真的以为自己的命便是到这里了，心中满是不甘，我怨老天，既然他说我和冒辟疆是有缘分的，为什么又让我死在前去寻找冒辟疆的路上？我不甘心，真的不甘心，我不愿意我的痴情与执著，最终只能换来这般悲惨的下场，但是原来上天还是眷顾我的，他始终没有让我命丧于此。

想着，我的眼泪更是不可阻止地下来了，丫头见劝不动我，又不知

第七章　病眼看花愁思深，幽窗独坐抚瑶琴

129

道我究竟是为何而哭，只好干干地坐在一旁，默默地看着我哭。

"小姐，我们还活着，我们活着到金陵了。"丫头由始至终只说了这一句话。

我的泪水，终于渐渐地停下，因为哭泣，眼睛有些发红发肿，丫头心疼地拿来热水给我敷。

一时间，我们两人都没有说话。

房间里面静悄悄的，静得甚至能够听到我们两人的呼吸声。

许久之后，丫头终于开了口："小姐，大夫说你是因为疲劳加上饥饿才会晕倒的，休息几日就好了。"

我沉默了一下，说道："这几日当真辛苦你了。"话一出，我们两人都愣了一下，不知道是因为疲劳抑或是因为刚醒来，我的声音哑哑地，全然不似自己的。丫头吃惊地说道："小姐你的声音……"

我苦笑着说："放心，兴许是因为太累了，以前在青楼中也有过这样的情况。"做歌妓的生活，不仅仅只是好好地坐在那儿陪男人们喝酒，那些各式各样的小曲儿也常常在折磨我们的嗓子。

丫头听了我的话，似乎有些放心了，说道："小姐你不用担心，丫头等会儿就给你做冰糖雪梨去，保证你的声音能跟以前一样美好动听，让你好好地去见冒公子。"

冒辟疆……想起这个名字，我心中不禁一痛。他一定不知道，我为了见他而经历了多少的危险，差点连性命都没有了。而此刻，他到底人在何方，他是否知道我已经为了他而来到了金陵？

丫头似乎知道我的心思，便说道："小姐，我帮你打听过了，冒公子此次进金陵参加科举，便住在离考场相近的一家客栈里面，待到你身体恢复，你便可以去见他了。"

我点点头，握着丫头的手说道："此次来金陵，全都是靠你才行，若是没有你，我怕是已经死在路上了。这一路你一定吓坏了。"

丫头听了，吸了吸鼻子说道："小姐我不辛苦，只要你能好，丫头做什么都愿意。"

我轻轻地搂住丫头。

能活下来的感觉真好。

原本我的身子便很是虚弱，加上这次的经历，更是调养了不少天，还好如今离科举还有较长的一段时间，我倒也就在金陵这儿慢慢地调养着了。

金陵一点儿也没有变过，永远是一副热闹非凡的样子，就算外面的人受了多少的苦，在金陵这儿，便是一点儿也感受不到的。这似乎是一座永远不会颓败的城池，永远闪耀着光芒，令多少的人对他无限地向往，趋之若鹜。然而在我的心里，这却绝非是一个好的住处。光越多的地方，便会有越多的黑暗。几年前在金陵，我便见识到了许多的黑暗，而这一切都是我此生都不愿意再去触碰的。我还是喜欢恬静的苏州，那半塘的水似乎永远清冽，虽然远比不上秦淮河上夜夜笙歌的繁荣，倒也有自己一种独特的美，仿佛遗世独立的佳人，给人无限的遐想。

那才是我的最爱。

在房中待得累了，我便会和丫头出门逛逛。丫头从小便生长在董家，未出过远门，对这大城市中的一切都倍感好奇。我便带着她游走在大街之上。丫头玩得很是开心，前几日的遭遇似乎已经全部被抛之脑后。

金陵从未发生变化，而我却已经历了太多的物是人非。

遥想当年，我是为了我的病才来到金陵的画舫中，而后才赌气回了半塘。而今，我娘已经早早地去世，我却又来了这里，只为见我心中的那一个人。

然而，在湖中所经历的危险，也让我想通了许多的事情，那时我神志模糊，满满出现在眼前的，竟是冒辟疆的样子，他含笑看着我，一如往常的温柔，嘴角微动，似乎在说鼓励我的话，我才知道，原来他已是我存活在这世界上唯一的理由。

我一定要见到他。我要将我对他的痴情，对他的执著，以及我为了寻找他而付出的这一切，原原本本地告诉他。我并非是要他同情我，可怜我，而是要让他明白，我董小宛从未将他视为"靠山"，我只是想真心待他，用我所拥有的一切。

但并不急于一时。

丫头也问过我，打算什么时候去找他，但我并不着急。我想着，如今他正在准备科举，若是现在找他，必然会扰乱他的心神，而我的身子也没有调养好，倒不如等到他科举之后，我再打扮得漂漂亮亮，笑着去迎接他，倒也是给他一个惊喜。

第三节　历经千辛才见君，两人相依无所求

过了两日，科举首场落幕。

我让丫头待在住处，自己一人来到了桃叶渡寓居——正是冒辟疆所住的地方。

这一日，我起了一个大早，让丫头进屋来帮我梳了一个发髻，再换上了一身鲜嫩的衣裳，略施粉黛。这几日的调养，已让我的气色看上去好了许多，加上因为要见到冒辟疆的兴奋感，我的两颊始终挂着一抹淡淡的红晕，丫头倒是调笑地说道："小姐，你现在这个样子，是个男人都会被你迷倒的。"我不禁拍了拍她说道："这般不正经的话你是在哪儿学的，我带你来金陵，可不是让你学坏的。"

"是，是。丫头错了。"丫头说着，又帮我在头发上插了一支玉簪。那是我娘留下来的簪子，我一直很是珍惜，不愿意拿出来佩戴，生怕会有什么闪失，但这一次，我便是要戴上它去见冒辟疆，也算是一个念想。

桃叶渡寓居，这地方看着也很是雅致，像是冒辟疆会喜爱的地方。寓居的旁边长着几棵高大的树，因为秋日的到来，树上的叶子早已褪去了浓密的绿色，转而染上了一种淡雅的黄色，有风吹过，便有几片叶子如蝴蝶般从树上翩然而落，轻轻地躺在泥土之上，等到来年的时候，便做了护花的养料。

我便在寓居的一旁静静地等着，等着他的归来。

今日是科举首场结束的日子，我知道冒辟疆虽然满腹经纶，颇有文采，但是在科举上一直都不是很得意，因为他针砭时弊，总是直抒胸臆，上面的人便是知道他的才学，也不敢贸然录用他。这让他的仕途一直都不得志，但也正是这种骨气，让我在金陵的时候，便对他心生爱慕。

这般有气节的男子，在这世间并不常有。想着，他那张温和的脸便

出现在了我的面前。

阳光已经渐渐西沉，我所想见的人却迟迟未出现，我揉揉有些酸痛的双腿，不禁叹了一口气，似乎总是这样，若不是他寻不到我，便是我等不到他，若不是我有的那些执念，怕是早就已经放弃追寻他的步伐了。

等待的时间总是让人感到漫长，像是在半塘的那三年，虽然我们数次错过，但幸而有哪些公子们的邀约，让我不至于在无穷无尽的等待中空了岁月。我站在寓居旁，往来的人时不时会看看我，然后低声窃窃私语着"为什么会有这样美艳的女子站在这里"？我全然当做听不见，若是有人看来，也便是微微笑笑。

这次的科举，不论结果是好是坏，对他而言都是极其重要的，这个时候，说不定他正在与自己同乡的好友把酒言欢，我是自己要来这地方的，必然是要好好地等他。想着，我便安慰了自己，继续立在寓居门口等人。

寓居的老板见我在外面站了许久了，知道我是在等人，便招呼我进门去等，我犹豫了一下，谢了他的好意，便进了门。

这寓居粉饰得格外有趣，似乎是借鉴了江南水乡之地的屋子样式，我一进来便喜欢得不得了。

那老板是一个四十多岁的商人，让我进来后，还帮我沏了壶茶，我连声感谢，那老板便摆摆手说道："姑娘何必客气，不过是举手之劳罢了。"

说着，便又坐了下来，问道："不知道姑娘今日在这里等的是何人？"

我看着老板饶有趣味的样子，犹豫了一下说道："是如皋的冒辟疆。"

老板的眼中闪出亮光，兴奋地问道："就是今日去参加乡试的冒辟疆？"

我犹豫了一下，点了点头。

那老板笑了一下说道："冒公子晚些时候该会回来了，姑娘你便安心在这里等着吧。我在这儿做了这么多年的生意，见过不少人，就是没见过像姑娘你这么美的女子，你与冒公子真是郎才女貌，不可多得的一对佳偶啊。"

这话让我羞红了脸，低下头去，不敢再多言。

老板看看我，也不言语，便道了一声告别，自己到屋后忙活去了。

这样坐在人家的厅堂里，总觉得会拦了人家的生意，我想着，正想站起来，另寻一处地方歇息，却听到身后传来那一声期盼已久的呼喊"小宛？"

我怔了一下，转过身，那一个熟悉的身影正站在寓居门口。夕阳照在他的身上，将他的影子无尽地拖长。还是那样清瘦的身影，朴质的衣裳，许久不见，他看上去似乎憔悴了许多，但是此刻脸上的喜悦之情，却让他的脸上泛出一种红光。他看着我的眼神中，交织了喜悦与惊奇。

"你怎么会在这里？"冒辟疆问道，快步走上前，扶住了我的双肩。

我正想说话，却不料眼泪不受控制地掉了下来。

那么多的委屈，那么多的埋怨，那么多的思念，在这一刻仿佛都不重要了。只要看到你，我便觉得之前受的一切苦难都是值得的，到底是从什么时候开始，我在你身上所放的感情已是这样的深厚？你对我又是如何想的？

然后一句话都没有办法问出口。

冒辟疆的眉头渐渐锁紧，虽然不知道我这一路的遭遇，但是一个弱女子从苏州到金陵是多么的艰难，他心中也清楚，只是或许他的心中还是不敢相信，被他狠心赶下船的我，竟然还会千里迢迢地从苏州赶来看他。

但也或许是这一点，触动了他心中最为柔软的部分，他的眼里充满了心疼，将我紧紧地搂在了怀里，在我耳边轻声地说道："是我不好，我不应该再让你去等我，是我不好。"

泪水决堤，无可挽回地流着，沾湿了他的衣裳。

日落，街上已没有多少人，寓居中也是静悄悄的，唯有我和他拥抱在一起，像是一对久别重逢的相爱之人。

这一刻，我已经期盼了多久，已经记不清了，只知道日复一日的期待非但没有冲淡我的情感，反而让我对他的爱恋越加地深刻。

能够来到金陵寻他，真是太好了。

第七章　病眼看花愁思深，幽窗独坐抚瑶琴

135

第四节　情到深处难自禁，冒生许诺解妓籍

这一晚，我便在寓居住下了。

天已经全黑，但是金陵却还是一副热闹的样子，外面灯火通明，人声鼎沸，我甚至能看到远处秦淮河上停着的几只画舫，那上面必然是一副奢侈旖旎之风，就如当年我在秦淮一样。

这个时节的气候已经开始转凉，我轻轻地关上了窗，倚在窗边，回头便看到冒辟疆进了房间。

"你回来啦？"我笑着问道。他温和地笑笑，朝着我走来。

"怎么关窗了？"他问道。

我说："有些冷，我便关上了。"

我身上的衣裳单薄，看得冒辟疆一阵心疼，忙找出了自己的几件衣裳给我披上。然而他的衣裳太大，又是男人的款式，我披在身上满是不伦不类的样子。他倒是不介意，说是有"小鸟依人"的意味，我羞得说他什么时候变得如此油嘴滑舌了，心里却止不住地高兴。

他让我进了自己的屋子，还将自己的衣裳借于我，没有赶我走，我心中便是大大的满足。闻着从他衣裳上散发出来的淡淡香味，心中一片清亮。

"你还没说，你为什么会来这里呢？"冒辟疆叫伙计倒了一壶茶，便扶我坐在桌前，温和地问道。

我笑盈盈地看着他说道："我自己有脚，便来了。"

冒辟疆无奈地摇摇头说道："我不是让你回半塘，我们从长计议吗？"

我撅了嘴说道："上一次我在半塘等你便是三年，这次我还要再等三年吗？"这一句话倒是让冒辟疆哑口无言，只能无奈地看着我。

我接着说道："我等不住，越是等便越是想你，刚好又有人告诉我，

你回来南京参加乡试，我便带着丫鬟来了。"

"只带了一个丫鬟？"冒辟疆问道，好看的眉毛微微皱在一起。

我点点头，无辜地看着他。

"太乱来了，你们两个弱女子，怎么就贸贸然地跑出来了。"冒辟疆说道，口吻中是宠溺的责备。

我听到这话却笑了起来，说道："当年我来金陵的时候，丫头还在家中伺候我的母亲，我还是一个人来的呢。"

冒辟疆说道："今时不同往日，如今天下混乱，到处都是些作奸犯科的亡命之徒，你们两个女子在路上也很是危险，日后便不要再做这样的事情了。"

我乖巧地点点头。从冒辟疆的喜色中，我能够猜到，这次他的乡试应该考得不错，正是春风得意的时候，刚好我又来寻他，对他而言，更是锦上添花了，因而才会待我如此之好。

我不禁感谢上天待我不薄，虽然这一趟行程中，遭遇了太多的是是非非，但是这结局终究是好的，与我而言，之前所受到的一切都是值得的。

冒辟疆见我乖巧的样子，心中很是欢喜，便问道："此番见到你，你倒是瘦了许多，日子过得不好吗？"

我沉默了一下说道："小宛的生活便是如此，好也不好，坏也不坏。"

"这路上有遇到什么事情吗？"冒辟疆问道。

我愣了一下，随即将路上遇到强盗，与船的桅杆坏了，我们只能在芦苇丛中待了数天，甚至断粮三日的事情，一一告诉了他。冒辟疆听我讲完这一路的经历，不禁脸色发青，怒道："真是无法无天，这些江洋大盗，真该要好好地治一下！"

我无奈地摇摇头说道："现在世风日下，这些强盗反而成了江湖上的霸主，若是稍有不慎，甚至会连命都丢掉，但是朝廷如今一片混乱，又有谁会去管这事呢？"

冒辟疆听完我的话，不禁苦笑了起来。

他是最为清楚这天下局势的人，却也是最为无奈的人。俗话说"百无一用是书生"，何况他还屡次遭受到上面的排斥，考了许多次的科举都不能中，即使满腹经纶，胸怀大志又有何用？虽然他看上去总是一副

第七章 病眼看花愁思深，幽窗独坐抚瑶琴

137

风轻云淡的样子，但是我知道他心中也有愁闷。

冒辟疆怕也是对这世道感到无奈了，倒也不再去想，便坐到我身边说道："此次你来着金陵，当真是受累的。"

我眨眨眼，笑道："可不是，若不是上天怜悯我，我怕是早就死在这路上了。"

冒辟疆忙说道："胡说。"

我笑笑，又无奈地说道："但是，小宛虽然这次能够逃过那些强盗，下一次是否还能如此幸运便不知道了。只怕小宛一身的福气，都已经在来时的路上用尽了。"

冒辟疆不悦地说道："不许胡说。"

我笑着说道："这可不是胡说。来金陵之前，我原本也不相信自己会有这样的遭遇，然而我还是遇上了，这世间之事本就难以预料。"

冒辟疆也知道我所说的话的意思，他在房中来回踱步，许久之后说了一句："罢了，你那几千两的赎金我便是砸锅卖田也会凑出来，你解了妓籍之后，便进我冒家做妾，愿意吗？"

我愣了一下，不敢相信地问道："你说什么？"

冒辟疆温和地笑了起来，只重复了最后一句话："你愿意吗？"

我站起来，飞身扑进了他的怀里。泪水又一次落下，沾湿了他的衣裳。

"你不怕……我会拖累你吗？"我问道，声音已经哽咽。

冒辟疆拍着我的背，叹了一口气说道："一个女子，从苏州大老远地跑到金陵来找我，我岂能再负你？当日在船上，我本也有纳你为妾的想法，但是家中的情况，与一些小想法都阻止了我这么做，如今你从苏州来找我，我若是再犹豫不决，怕是天下人都要耻笑我了。"

我听着他温和的话语，止不住地流泪，然而同往常不同，这一次的泪水，是因为欣喜，是因为我所爱之人终于愿意接受我，多年来的苦，终于熬到了尽头，我第一次觉得，自己所遭受的一切，竟是如此的值得。

这一夜，我与冒辟疆秉烛夜谈，说了许多贴心的话，从诗词歌赋到如今的局势，这些话语都让我们深深地了解着对方。

这世间最美好的事情，莫过于与相爱之人的相互倾诉了。

第五节　冒生寻父而离去，亦步亦趋紧相随

第二日，我刚醒来，便看到冒辟疆早已起来，坐在桌前，手中拿着一封信，正在专心致志地看着。

暖阳从窗外照进来，十分地温和。我从床上坐起，细细地看着那个我深爱着的男人。

他并不是俊朗的人，但是眉眼间却有着满满的英气，他的身形消瘦，似乎很是文弱的样子，然而肩膀宽阔，很能给人可以依靠的感觉。只是不知道为何，他总是喜欢皱着眉头，似乎总有什么烦心的事情。阳光打在他的身上，将他的身影拖在地上，我看着他，不禁露出了幸福的微笑。

就像是现在这样。

我从床上爬起，轻轻地走到他的身旁，坐了下来，喊了一声："冒郎。"

冒辟疆似乎没有注意到我，听到呼喊声惊了一下，抬头见是我，才露出一丝笑容，说道："小宛，你醒了啊。"

我点点头，看着他手中的信件，问道："冒郎，你在看什么？"

冒辟疆笑了起来，说道："是一件好事？"

我见他笑得如此开心，不禁也笑了起来，追问道："什么好事？"

冒辟疆说道："我爹之前带兵参战，失了踪影，近日有人说是见到我爹的身影，便寄了急件给我。"

"真的？"我喜道。冒老先生参战的事情，我也略有所闻，只是那一场战役超乎寻常的残忍，死伤惨重，冒老先生又没了踪迹，便有人说他已经战死沙场，想必冒家也为此悲伤许久。如今传来这样的消息，当真是极好的。

我忙说道："那么冒老先生现在身处何方？"

冒辟疆笑着说道："说是在銮江，我打算午后便启程去寻他老人家。"

午后便走？我愣了一下，问道："这么快？"

冒辟疆听到我这话，似乎有些不高兴，说道："我爹年纪已大，我这个做儿子的，必然要早早地去寻他。"

我知道自己惹他不悦，忙说道："不，我并非是这个意思，冒郎的孝顺是出了名的，小宛早有所闻，寻找老先生这事当然是越快越好了，只是小宛觉得，去銮江的路途遥远，若是午后启程，怕是难以置备好干粮之类的东西。"

冒辟疆似乎觉得有道理，但是寻父心切，一时也不知道该怎么办，有些焦躁。我见他的样子，便好言相劝道："冒老先生既然得幸生还，必是大难之后必有大福，你去寻他也不急于一时，不如好生准备一下，到了銮江也能更快地找到老先生。"

冒辟疆听了，叹了一口气说道："你所言极是，是我太过焦虑了。"我笑笑，接着说道："等会儿，我便出门帮你置办行李，你将自己的东西好好整理一番，待我回来再稍稍整理一下，明日你便可以启程了。"

冒辟疆十分感动，握着我的手说道："小宛，有你在此，真是太好了。"我笑笑，抽出自己的手，坐在梳妆台前开始梳妆打扮，收拾妥当了，便出门购置他在船上可能会用到的东西。

这一日的阳光甚好，晒得我有些晕眩。我先去客栈找到了等了我一晚的丫头，丫头见我的神色，立马猜到了好事已成，高兴得直闹，我受不了，便拍了拍她，说道："我还要去为冒公子置办东西，怕是要与他一起去銮江找冒老先生了，你先行回半塘吧。"

丫头眨眨眼，不满地说道："小姐，你这是'过河拆桥'啊！找到了冒公子，就不要丫头了。"

我好笑地戳戳她的脑门说道："傻丫头说什么呢？这去銮江可不是去玩，是要去寻人，你去做什么呢？"

丫头撅着嘴说道："我可以去照顾小姐啊！"我无奈地说道："我能够照顾自己的，不是还有冒公子在吗？好了我的好丫头，先回半塘好吗？"

丫头不情愿地点点头。她或许还是担心冒辟疆会像之前那样抛下我不管不顾，她只是不愿意看到我再受苦罢了。这孩子对我太好，比起我对她要好过百倍，我轻轻抱了抱她，说道："回到半塘，便好好地等我回去，好吗？"丫头吸吸鼻子，答应了。

送走了丫头，我便开始在金陵的大街上逛着，想要快点将东西备齐。然而好不容易买好了所有的东西，却已经是中午了。我便拿着那些包裹，准备回到寓居。

一进寓居，便遇到了昨日的老板，那老板看着我，惊奇地问道："姑娘，你这是做什么？"

我笑着说道："冒公子要远行，我帮他置备一些东西去了。"

老板疑惑地说道："可是冒公子刚刚退了房啊……"说着，指向冒辟疆的房间，正有两个伙计从房中走出，手中拿着打扫用的器具。

我一下子便懵了，冲进放里面，只见里面已经打扫得空空荡荡，冒辟疆的行李也已经消失不见，更何况这个人？我只感到自己的脚步变得虚浮了起来，几下摇晃，坐在了桌子旁。桌子上用茶杯压着一张纸，我忙拿起来看。

那是冒生的字迹，因为写的匆忙，看上去有些潦草。我看着那张字条，眼泪禁不住流了下来，他说前往鋆江路途艰险，不愿意我冒险，便让我早些回到半塘去，过些时候再来找我。

又是等，漫长的等。我只觉得自己的心碎成了一片片，散落在尘土里全然不见。他始终是不愿意带着我一起走，他始终觉得我就是他的一个包袱，无论我付出多少，他的心中便是没有我。想着，我的胃部开始不断地抽痛。

"小姐……你没事吧。"门外的伙计问道，似乎是怕我在这房中想不开，做出什么让他们为难的事情。

我摇摇头，问道："冒公子是什么时候走的？"

那伙计愣了一下，看了看老板，回答道："刚走没多久，半盏茶的时间吧。"

那应该还来得及，我擦了擦眼泪，下定了决心。

"姑娘，你不会是想……"老板欲言又止，有些难以置信地看着我。

我整理好刚刚买来的干粮，勉强笑笑对老板说："我已经追了他许久，不怕再久一点。"说罢，便跑出了寓居。

　　寓居的老板在我身后轻轻叹了一口气，无限感慨地说道："问世间情为何物，直教生死相许。"

第八章

黄鹂亦似知人意，柳外时时弄好音

珍珠无价玉无瑕，小字贪看问谁家。

寻到白堤呼出贝，夕阳胜雪映梅花。

第一节 冒生科举不如意，梨花落雨思念君

我一个人找了一条小船，叫了一个船夫，便又到了这江上。

我已经追寻他许久了，便也不怕再追上一次。我只是不能忍受，他就这样又一次将我抛下，将我一个人孤零零地丢在金陵，那红烛之下所说的话，难道都是虚妄的甜言蜜语？难道他对我便是没有一丝的真情实意？我不甘心我对他如此多的付出，竟然会换来这样的结果。这不是我要的结果。我咬咬牙，心中暗自决定，不管是到天涯海角，我也一定要寻到他。

江面很是不平静，船家说这几日江上的天气不好，很容易出事，便叫我回到船舱里去。我倒是不在意。来金陵的那趟旅程，我已经经历难以想象的磨难，此刻，便再也无所畏惧了。不免感慨，出半塘之前，我还只是一个柔弱无依的青楼女子，而这时我居然会有胆量，独自一人雇了船夫，送我去寻人了。

冒辟疆，你让我变了不少。我无奈地想着他，暗自嘲笑着自己的用情至深。

"小姐，这天气当真要出事啊！你快点回到船舱里去吧！"船夫焦急的声音传来。

我看看天色，只见黑压压的云已经盖了过来，还未等我回过神来，豆大的雨点便打了下来。

黑云翻墨未遮山，白雨跳珠乱入船。

这诗中说大雨的意境是如此之美，然而，对我而言，此时带来的却是无尽的恐惧。我忙起身想要进入船舱，然而已经来不及。豆大的雨滴打在船上，让地面格外地滑，江上此时也掀起了巨浪，一个接着一个，拍打着船身，船身剧烈地摇晃着，让人完全不能站稳。我扶着船沿，想

第八章 黄鹂亦似知人意，柳外时时弄好音

145

回到船舱里去，却不料一个巨浪打来，狠狠地打在了我的身上，我还未来得及呼喊，便掉入了江水之中。

雷鸣阵阵，我心中的恐惧达到了顶峰，我能够感受到，江水浸湿了我的衣裳，冰冷地碰触着我的身体，大量的水灌进了我的口中，我一张嘴呼喊，便会涌入大量的江水，呛得我鼻子喉咙格外难受。

谁来救救我！

我不会水，只能在水中不停地挣扎。

然而雨越下越大，将我不断地往水里推，我只觉得自己的意识越来越模糊，身上的力气逐渐流失。这一切都加剧了我的恐惧，原来我并没有看淡死亡，我还想活下去，我还有太多的事情没有做，还有太多的年岁没有度过。我依然想要回到他的身边，回到冒辟疆的身边，我还想看他温柔的笑容，听他温和地喊我"小宛"。

慌乱之间，我的手似乎触碰到了什么，不管三七二十一，我紧紧地抱住了那东西，勉强保持住了自己的平衡。

雨水还在拼命地往下打，我只觉得自己的身上生疼，然而现在我已经没有办法去思考其他的问题，只能死死地抱住身边的"救命稻草"。

不知道过了多久，雨点渐渐地变小，天气开始渐渐转晴，江面上的波浪渐渐地变小，水面开始平静。我只感到精疲力竭，然而求生的欲望依然支持着我紧紧地支撑着，不让自己晕厥过去。

"小……小姐……"船夫的声音响了起来，我感受到有人在向我靠拢。

得救了吗……

我心里想着，终于支撑不住，只感到眼前一黑。

醒来的时候，船夫已经将我扶上了船。一睁开眼，便感到一阵天旋地转，我也顾不得身边的船夫，忙扶着船沿便是一阵的呕吐。

身上的衣裳还是全湿的，风一吹来，我就忍不住打寒战，然而更加难受的，是胃里翻江倒海的感觉，一阵呕吐，并没有让我感到舒服多少，但我却也怎么都忍不住。

"哎呀，小姐你可总算是醒了。"船夫在一旁递了一块布给我，此时我也顾不得那布到底是什么，忙接了过来。过了好一会儿，我才缓过神来，看看一边的船夫。在江上多年的生活，让他的皮肤变得黝黑，身上满是累累伤痕，他看着我，满是一副不知所措的样子。

"我没事了。"我说道，强压住胃中不适的感觉，"快点追上冒公子的船。"

船夫愣了一下说道："可是小姐，你的身体……"

"我没事，休息一下就好。"我说道。

船夫看看我，有些无奈的样子，默默地走到了船后。

原来刚才遇上大雨，我们的船被浪掀翻了，我和船夫都落到了水里，幸好我摸到了船上的木头，紧紧抓住了那木头，才没有让身子沉下去。想到这里，我不禁又是一阵庆幸。

为了去见你，我遭受了多少的苦难，然而你为何还是能够弃我而不顾，为什么你还是能如此狠心地抛下我？

想到这里，我的泪水不禁掉了下来。又是一场生死浩劫，前往金陵的时候，我尚且还有丫头在我的身边，如今我却只有自己。

我什么时候才能够回到你的身边呢？

再见到冒辟疆的时候，已是在崟江。

然而见我，没有惊喜，没有喜悦的表情，他的脸上，明明白白只有惊讶。

他说："小宛，你怎么会在这里？"

我只觉得鼻子一酸，将我路上所经历的事情一一告诉了他。冒辟疆的眉头皱在一起，说道："我不是说过让你不要跟来吗？你怎么又来了？"

我愣住了。

第一次，我在他的眼里，只看到了烦躁与不悦。我被惊得说不出话，恍惚之间，只听到冒辟疆在说道："我近日很是忙碌，我还未找到我爹的下落，也顾不上你，为今之计，你该是回到半塘，去与你的那些债主好好说说，待我回去的时候，必然会帮你的。"

我愣在了原地，他在说什么，他真的觉得我来找他，只是为了还那几千两的债，我在路上听到他落榜的消息，本想着他现下的心情一定很是低落，便更是赶着想来安慰他。岂知道，见到我之后，他说的竟然是这样的一番话。

泪水随着我的面颊掉了下来，然而我却无言辩驳，我不愿与他辩驳，

147

却也不愿意他误解我如此之深，可我毫无办法，现在与他说什么都没有用，我只能默默地转身，离开这个让人伤透心的地方。

江水滔滔，又是否能够知道我心中的悲切？如若我当时便死在了这江水之中，是不是就不用面对现在的这一切，若是我在前往金陵的路上，便遭遇到了不幸，是否就不用听他那些残忍的言语。

然而一切都已经太迟了，我心中一片冰冷，已没有任何的感觉。

第二节　一袭薄衫终不换，为伊消得人憔悴

不知不觉中，冬日已经来临。半塘的冬天不算冷，然而我心中的冰凉却比得上此前的任何一个时刻。窗外的树上已经没有秋日里渐黄的树叶，更不用说哪怕一抹绿色了。那些曾经绚丽美好的花朵，也早已在这风中逐渐凋零，没有生机，没有生气，便像是行尸走肉一般，没了感觉。

丫头悄声进了屋，将晚饭放在我的桌前，轻轻说道："小姐，你已经很久滴水未进了，多少吃一点吧，丫头怕你的身子坏了。"

我看看她，说道："我没有胃口。"

丫头急了，说道："没有胃口也好歹吃一点啊，小姐你又何苦跟自己过不去呢？"

我没有再理她，转头又看向窗外。

屋子跟前的河上，已经甚少有船家驶过了，或许是因为天气渐渐转凉了，人们都乐意待在自己的家中，不愿意出门，半塘一带，显得更加安静了。春日里会将我的屋子点缀得美轮美奂的柳树，此时也已经谢了叶子，遮掩不住一点房子的痕迹，陡然看到，倒是有一种凄凉之感。

一切，都宛如我此时的心境。

回到半塘之后，冒辟疆没有给我任何的消息，就像是从我的世界中消失了一般，没有了踪迹。丫头看不过眼，便写了一封信去了冒辟疆的家，告诉他我如今的状态，但是却也一直都没有收到任何的回复。古往今来，男子的绝情，也莫过于此了吧。

外面突然开始下起了毛毛细雨，从窗外溅了进来。我懒于起身关窗，也便由着这雨点打进来。一下雨，外面的风景也便显得模糊，影影绰绰都被掩盖在这细雨之中，宛如女子蒙上的面纱，透着一种神秘的美感。

丫头见我的样子，忙上前帮我关上了窗户，说道："小姐，天气转凉了，

你还是再穿几件衣裳吧。"

我摇摇头说道："我不冷。"我并非是不冷，只是心中的那股寒意，让我对于身体上的冷已经没了知觉，我无意地动了动手指，却发现手指已经失去了知觉。尽管这天气一日比一日要冷，我依然固执地不愿意换上厚的衣裳，似乎这样能够让我的心里，不会再痛一些。

"冒辟疆……有寄信来吗？"我问道。

丫头看着我，不安地说道："没有……小姐。"

我叹了一口气，不再说话，换了一个姿势，继续坐在窗前。

丫头忍不住了，说道："小姐你这又是何苦呢，你在这里受苦，冒公子也是知道的，但是他若是不想管你，就不会管你，若是他对你有心，他早就会来找你了。"

我摇摇头说道："他说过会来找我，只是现下还在忙碌罢了。"然而我嘴上这样安慰自己，心中却无比的清楚，就像是丫头所说的那样，若是有心，他便是再忙碌，也会来找我。而今，却是连一封信也懒于回给我。我这么等他有什么意思？

可是我就是放不下。突然之间，我想起了当初在秦淮青楼认识的李姐姐，或许现在我所经历的，便是她当初所经历的事情？情一旦付出，便是覆水难收，我们倾泻而出的情感，便更是难以收回。于是，我们的生活，便只剩下无穷无尽的等待，没有尽头的期盼。

每一日都在期待着，自己心中的那人能够出现，能够将自己从苦海中解脱出来。日复一日，年复一年，直到岁月匆匆而逝，年华不再。

想来，如今我所做的一切，都宛如一次没有回头路的赌博。我将自己关在房里，不接客，不出门，任由债主们在家中闹事，自己却仿佛死人一般，不闻不问。一身单衣，便也就这样穿在身上，不进食，任由自己的身子一天天的虚弱下去。

衣带渐宽终不悔，为伊消得人憔悴。

如今的我，总算能够真切地理解了这句话的意思。然而李清照所思念的，是她的亡夫，他们毕竟如此相爱，而我却只能想念一个，只有自己痴情着的人……

不，不会的，他说过会帮我解了妓籍，也会将我纳为妾室的。

我心中猛然断绝了那些悲观的想法，是的，一定只是他还在找寻他的父亲，没有时间来寻我罢了。男子汉大丈夫，自然应该要先顾好自己的家庭，该将寻找父亲的事情放在第一位，我不过是他的一个红颜知己，当然比不上他家人的重要，我不可以强求他太多。我应该耐心地等着他来找我。

然而，这样的等待，要多久呢？如果心中真的确定他会来找我，我又为何要作践自己，来要挟他呢？

想起当日在金陵寓居，红烛之下，我们的誓言，泪水不禁从我的脸颊上滑了下来。

那些海誓山盟的言语，至今仍历历在目，红烛下他柔情的目光，让我笃定自己为这个男人所受的一切苦都是如此的值得，然而我现在所经历的又是什么？我是否能够等到他的到来？

"砰砰砰，"门外传来了敲门声，震得屋子中的我们一阵心悸。

"小姐……"丫头犹豫地喊了一声我。这几日，我们受到了许多债主的骚扰，他们知道我如今不愿意再在青楼中露面，没有办法还债，便常常来到我家，催促我还债。此时在门口的，定也是这些债主了。

我倒是已经无所谓，如果我董小宛一生注定是要流连于这些烟花之地，也就不怕这些人，所谓"破罐子破摔"便是这个意思吧。于是我挥挥手说道："丫头，去看看是谁。"

丫头犹豫了一下，默默地出去开门。

窗外，雨还在淅淅沥沥地下着，像是在慢声细语地诉说着什么，然而无人倾听，它是否又会感到无比的寂寞？

我听到门开的声音，似乎来了两个人，他们的脚步声在木质的地板上发出响声，一步一步，不缓不急，倒是丫头还是一副慌慌张张的样子，匆匆忙忙跑了进来，扶着门框，满脸喜色地说道："小姐，你快看看是谁来了！"

我愣了一会儿，尚未回过神来，就看到有两人走进了房间。

151

第三节　谦益相助脱妓籍，小宛终有自由身

　　来的人是一男一女。男的看上去有些年纪，但是举止儒雅，看上去十分随和，身上穿着一件青色的大褂，很是挺拔。女的看上去十分年轻，身材玲珑有致，是一个妙龄女子，虽然身上的衣裳很是朴素，但是仍然掩盖不了她身上天生的美艳，一张好看的鹅蛋脸，一双明眸宛如天上的星星，此刻真是带着笑意看着我。

　　我看到那两人便是一愣，而后热泪滚滚而落，那女子见我的样子，忙走上前，关切地问道："小宛妹妹，你怎么了？"连声音都还与记忆中的没有任何的差别，我再也支撑不住，扑进那女子的怀里，喊了一声"如是姐姐，小宛的命好苦啊！"之后便是失声痛哭。

　　或许是因为外面下着的大雨，柳如是的衣裳上沾上了雨滴，与我的泪水混在了一起。柳如是紧紧地抱着我，嘴中满是焦急的话语："小宛妹妹，我可怜的小宛妹妹。"

　　此时的我，当是最为脆弱，最为无助的，甚至已经是生无可恋。这两人的出现，与我而言，便是寒冬中的一抹阳光，给予我继续存活下去的力量。半晌之后，我的情绪渐渐地平静了下来，柳如是忙扶我起来，帮我擦眼泪，而丫头也适时地去泡了茶，招待钱谦益坐下。

　　柳如是看着我，心疼地说道："怎么回事呢？上一次在西湖见到你的时候还是好好的，怎么才过了这么点时间，便有了如此大的变故？"

　　我低着头，说道："如是姐姐，这说来话长。"我知道现在的我在他人看来必然是十分可怜的，这段时间我消瘦了不少，身上瘦得能够摸到骨头，又因为没有好好地休息，一双眼睛里面满是红丝，哪还有艳惊秦淮的董小宛的样子？我也十分厌恶现在的自己，这样愁苦的模样，像是一个被人抛弃的怨妇，然而我也真的是毫无办法。

柳如是和钱谦益相互看了一眼，柔声说道："我们原本到苏州来游玩，听闻你近日出了事，便赶忙来看看你了。你莫要伤心了，有我和谦益在，必然会帮你的。"

钱谦益也说道："如是说的对，我们来，便是要帮你的，你尽管将你的难处说与我们听便好。"

我沉默了一下，哽咽着将自己这段时间所做的一切一一告诉了他们。

窗外风雨大作，我们坐在房内，红烛燃着它的光芒，时不时因为这漏进的风而缓缓摇动。

"竟有这样的事情？"听完我所说的话，柳如是一脸气愤地说道，"男子汉大丈夫，他既然已经许诺与你，便应该遵从自己所说的，怎么又可以违背自己的誓言？"

我摇摇头说道："如是姐姐，他并没有违背誓言，他只是要我在半塘等他。"只是因为他家中的事还未解决，所以他还迟迟未来。

柳如是爱怜地看着我，半晌用手摸了摸我的脸颊，满是怜惜地说道："傻妹妹，怎么这个时候，你还在为他说话？你当真以为你这样折磨自己，传到他的耳朵里，他会感到心疼，会在意？傻妹妹，苦肉计只有对爱你的人才会有用。"

听了柳如是的话，我的眼泪便又下来了，喃喃道："那我该怎么办？"

柳如是抱着我，又无奈地看了一眼钱谦益，说道："谦益，不能想想办法吗？"

钱谦益的眼神也颇为无奈，过了一会儿才说道："也罢，我们夫妻与小宛也有了许多年的交情了，你的赎金我应该能出的起，刚好我有个学生正在管理妓籍的事情，待我写封信给他，你的妓籍也便可以解了。"

"谦益，你可真好！"柳如是听言，立马就乐了，一双好看的眼睛笑成了月牙，盈盈地看着他。

我一时还未反应过来，不解地看着他们两人，问道："什么？"

"傻妹妹，我说了我和谦益定会帮你的。"柳如是说道，柔柔地看着我，"你的赎金与妓籍，谦益会想办法，你现在可以好好地养养自己的身子了。"

"可是……"我话还没有说出口，钱谦益便说道："这事越早解决

第八章

黄鹂亦似知人意，柳外时时弄好音

越好，不知道小宛姑娘的家中是否有笔墨？我现在便给我的学生写信，免得夜长梦多。"

"有有有，小姐平时最爱作画写字了，有很多好笔好墨呢。"丫头忙说道，便跑去拿文房四宝了。

我还没回过神，呆呆地望着眼前的两人，柳如是见我的样子，不由得叹了口气说道："可怜我的小宛妹妹，这么聪明机灵的一个女孩子，竟然在这么短的时间里，被折磨成这个样子。"

我垂下眼帘说道："这怨不得什么人，都是我自愿的……"是我自愿爱上了冒辟疆，是我自愿到金陵去找他，也是我自愿在这里默默地等他回来。

钱谦益这时突然问道："这赎金和妓籍倒不是问题，只是你解了妓籍之后何去何从，你是否想过？"

我愣在了那里。我从未思考过这个问题，我一直以为，冒辟疆会来接我，会在帮我赎身之后，带我回到他的老家，纳我为妾，此后夫唱妇随，便是安度了一生。不知道从什么时候开始，我的心里竟然只想着与冒辟疆有关的事情了。

"我……想去找他……"我轻声说道，轻到窗外的雨声甚至能够盖住我的声音。

此话一出，钱谦益与柳如是都愣住了，他们看着我，似乎难以置信我会说出这样的话，好半天，柳如是开口怜惜地说道："傻妹妹……你这是何苦呢。"

钱谦益摇了摇头道："罢了罢了，我们夫妻说了会帮你，便会帮你到底，待到你的妓籍解了，我再买一条小舟，送你去冒辟疆的家去。"

"真的？"我难以置信地问道，脸上却禁不住破涕为笑了。

钱谦益无奈地笑笑，对柳如是说道："你看看小宛，说帮她赎身，帮她解妓籍的时候，她都没有笑，说要将她送去冒辟疆那儿的时候，倒是开心了。"

柳如是似乎不是很满意，皱着秀气的眉毛问我："妹妹你可想清楚了，冒辟疆这样三番两次将你抛下，难保今后有难不会再抛下你，你若是自己寻上门，那以后可就真的没有退路了。"

我沉默了一下，坚定地点了点头："如是姐姐，我心意已决，此生我必然要跟着冒辟疆，不离不弃。"

"只怕他难以做到对你不离不弃。"柳如是说道，也是满脸的无奈。

我想我在如是姐姐的眼里，定然是疯了。我不似她如此好命，堕入青楼多年，依然能等到一个为她倾尽一切的钱谦益，我没有这个福分，便也不加强求，我只愿能够与我所爱的人待在一起，我愿意为他奉献出我的一切，至死不渝。

第八章
黄鹂亦似知人意，柳外时时弄好音

第四节　谦益送还董小宛，有情人终成眷属

寒冬来临，然而我的心却是暖了。

那日，钱谦益和柳如是答应帮我赎身解妓籍，我便开始在家中好好调养自己的身子。果然没过多久，就传来了好消息，钱谦益帮我还清了债务，而他的学生也寄了信回来，说是我的妓籍已经解了，此后我便是自由身了。

当初冒辟疆所说的千难万难的事情，竟然如此就解决了，我的心中五味杂陈，全然体会不到因为获得自由而感到的喜悦之情。

钱谦益真的说到做到，买了一条小舟，专门送我去如皋——冒辟疆的家便在那儿。

踏上小舟的那日，是一个晴朗的好日子，天空蔚蓝，河水清冽，难得的风平浪静，还有冬日里难以见到的明媚阳光。

柳如是与钱谦益便在江边送我，丫头依然待在半塘，我那与母亲同住的房子便送予了她。我走的时候，丫头和我都哭成了泪人，因为我们很清楚，这一别，可能真的是永远。

"妹妹，你可真想清楚了。"柳如是说道，她依然想让我再仔细想清楚，在她的眼里，冒辟疆所欠我的实在是太多了，不值得我再为他做任何的事情。

"好了，如是，小宛是一个聪明人，她知道自己在做什么。"钱谦益笑着说道。

"你还说呢，若是小宛在那里受欺负该怎么办？她是去做妾，保不定会有人欺负她呢。"柳如是还是不放心，不满地说道。

钱谦益无奈地说道："你放心好了，冒家的女子都是出了名的贤惠，她们是不会为难小宛的，而且我也已经写信给了我一些在如皋的朋友，

他们都答应我，会帮小宛解决那些零碎的事情，让她安安稳稳地进了冒家的。"

我一听，忙说："这怎么可以，还麻烦你的朋友……"

钱谦益一摆手说道："哎，这不关我的事。你追寻冒辟疆的事情如今很有名气，我那些朋友们一听说是要帮你，便都是很热心，都争着说要见一见这个奇女子，要帮你圆了这一段佳话。"

我不禁感到有些害羞，说道："这次……真是劳烦你们了……"

柳如是摇摇头，抓住我的手，看着我的眼睛，一字一句缓慢地说道："姐姐这么帮你，没有别的理由，无非是希望你能过上好日子，当年你来到金陵，便是我将你带入青楼的，因而我也一定要将你带出来，如今你终于能够从青楼中走出，我只希望你能够好好珍惜自己，好好过日子。"

我点点头说道："姐姐和钱大人的大恩大德，小宛此生无以为报，下辈子必然会用尽一生好好报答你们，姐姐的话小宛也会记在心里，不敢忘记。"

"小姐，该启程了！"船夫在另外一边喊道。

"好吧，该是告别了。"钱谦益上前说着，右手轻轻扶住了柳如是，我和柳如是的眼泪都流了下来。

这世间，没有什么比告别更加让人心伤的了。

然而小舟渐渐地动了，船夫开始滑动小舟，我只能无奈放开了柳如是的手，我的小舟越来越远，看着岸上钱谦益和柳如是的影子也越来越小。柳如是趴在钱谦益的怀里，似乎是在号啕大哭，钱谦益轻轻地搂着她，不断地拍着她的背，似乎是在说话安慰着。

我感到十分的羡慕，不知道什么时候，冒辟疆待我，能像钱谦益待柳如是一样，倾尽所有的感情，用尽所有的力气。

想着，我自嘲地摇了摇头。董小宛，不要太过于贪心，如今你可以赎身，解妓籍，已经是上天对于你的眷顾，你能三番五次死里逃生，也是上天的怜悯。如今你还能好好地前往如皋，去见你心中一直爱恋着的郎君，已经是上天的不薄了，不要再去要求那些无谓的事情，平添自己的烦恼。

是的，我只要能够待在他的身边就好了。

只要他能够允许我出现在他的身边，我的一生便再也没有怨言了。

"钱大人跟他夫人的感情可真好。"一旁的船夫突然说道，"我在坊间听闻过他们的故事，当真是一段佳话啊。"

我笑笑说道："是啊，他们也是经历了许多的风雨，才能够有这么一天的。"

那船夫好奇地看看我说道："董姑娘，你的那位郎君又是什么样的人呢？"

我愣了一下，莞尔一笑，没有说话。

几日的行程，我终于来到了如皋。不知道到为何，一下小舟，我便感到十分的紧张，我终于来到了冒辟疆所住的地方，我终于可以见到他了。但是因为从来没有来过这里，一下船，我便有些不知道方向，又不愿意问人，便就这么不知所措地站在那儿了。

这个时候，一个穿着青衫的青年向我走了过来，打量了我一番后问道："请问，是董小宛姑娘吗？"

我愣了一下，点了点头。

那青年立马笑了起来说道："我猜就是，都说董姑娘是金陵出了名的美人，我一看这么美的姑娘站在这里，便猜想你一定就是了，没想到还真让我猜中了。"

我笑笑，问道："公子有何贵干？"

那青年拍了拍脑门说道："哎呀，光顾着跟姑娘说话了，敝姓戴，是钱谦益老师的一名学生，老师跟我说过你的事情，我十分佩服你的胆识和魄力，正好我住在这如皋，便答应了老师，等你到了如皋之后，便好好地带你去冒府。"

这大概便是钱谦益所说的，愿意帮助我的人吧。

我忙笑着说道："小宛刚好也一筹莫展，还有劳戴公子了。"

戴公子也便没有再废话，命几个挑夫拿了我的行李，便向着冒府而去了。这一路上，戴公子问了不少关于我与冒辟疆之间的事情，也是一个极为热心的人，听到我在江上遇到强盗与风浪的时候，戴公子不禁感叹道："小宛姑娘你可算得上是女中豪杰了。"我被他逗笑了，忙说道："小宛只不过是比较倒霉罢了，总是会遇上这样的事情，但还好上天有好生之德，未让小宛殒命。"

　　说着说着，转眼便到了冒府。我站在冒府朱红色的大门外，只觉得自己的心脏在剧烈地跳动，似乎马上便要跳出我的身体。

　　"董小姐，已经派人进去通报了。"戴公子说道。

　　我点点头，不禁紧张地握了握拳头。

　　戴公子笑着问道："董小姐你很紧张吗？"

　　我看了他一眼，淡淡地笑了一下。这种心情真的很奇怪，我明明很是期待这一刻的来临，但是等到这一刻真的到了，却又感到不想面对。我很是恐惧，若是见到我的时候，冒辟疆不是带着笑容，不是带着欣喜之情，而是一脸的愁容，又或者残酷的言语，我会变成什么样子？

　　那必然是深陷地狱，永不超生。

　　正想着，冒府的大门渐渐地打开了。

第八章　黄鹂亦似知人意，柳外时时弄好音

第五节　千难万阻重相聚，小宛嫁入冒生家

出来的是冒辟疆本人。

没有见面的这段时间里，他似乎更加消瘦了，我听闻此次的科举不中对他有很大的打击，也让他产生了隐居的念头，因而很长一段时间都闭门不见客。也许正是因为这样，他才会消瘦得这么快吧。

他从门后匆匆走出来，后面还跟着几个下人。他走到我跟前，还好，他的脸上没有不耐烦，没有怒气，而是温和的笑容，像是我第一次见到他的时候那样。他看了看我说道："小宛你辛苦了。"转而对戴公子说道："有劳公子了。"

戴公子笑道："举手之劳而已，只是董姑娘第一次独自一人从苏州来到如皋，冒公子居然没有派出下人去迎接，似乎也不太好吧。"冒辟疆面带惭愧地说道："哎，这是冒某不好，近日家中多事，我父亲刚从战场回来，身体很是不好，刚好家母也生病了，冒某一直离不开身，便怠慢了小宛姑娘。"

戴公子微微一笑说道："不论如何，我的任务已经到此结束，董姑娘我已经好好地送到冒府了，该是告别了。"说罢，便是向我行了一个礼说道："董姑娘，戴某就此别过了，你若是在这里有遇到什么难题，来找戴某便好，戴某一定竭尽全力帮你。"说着，又看了一眼冒辟疆，说道，"不过冒家在如皋这个地方，一直都是名门望族，能让戴某插手的地方应该也不多。"说着便又拜别了一次，带着那几个挑夫走了。

挥别了戴公子，我回头，发现自己的行李不知道什么时候已经被冒家的下人送进了府中，而冒辟疆正在一旁，静静地看着我。

我心下有些慌张，竟像是一个小女孩一样，看着自己的裙摆，有些不知所措的样子。冒辟疆深深地看着我，最终说了一句："从苏州来到

这里，你辛苦了。"

听到这句话，我的眼泪又掉了下来，哽咽着说道："不……一点也不辛苦。"

真正辛苦的，是当时被你从船上放下，回到苏州的时候；真正辛苦的是，是当初你在金陵不辞而别，我独自乘舟追赶你；真正辛苦的，是我好不容易找到你，却只能被你冷眼相待，甚至回到半塘，又是艰难地等待。

然而这一次，我却是笃定能够见到你，不再是一个青楼女子，而是一个清清白白的女子的身份来见你，我有什么辛苦的。

冒辟疆见我的泪水止不住，只好叹了一口气，在我耳边轻声说道："好了，之前的一切都是我的错，我们先进屋子吧。"

我流着泪点点头，跟着他进了冒府。

冒府虽然在如皋算得上是大户人家，但是也没有一般富贵人家中的华贵铺张。整个冒府看上去十分的朴实，没有过多的装饰，房子看上去也有了一些年头，有些地方甚至年久失修，多有破损。我知道冒辟疆之前为了做善事，花了不少的钱，但是原来已经散尽钱财到连屋子也没有钱修补，如此说来，他无力为我赎身也是当然的。

想到这里，我心中又是一沉。

来到冒家的时候，正是中午时分，冒家人正在用午膳。冒辟疆将我领到了厅里，冒家人见到我，都纷纷表示欢迎，还让我坐下先吃饭，整理行李的事情待到午后再说，倒是让我受宠若惊。

正如冒辟疆所说，冒老先生刚刚从战场回来，身上还有许许多多的伤未痊愈，虽然没有危及生命，但是冒老先生毕竟年事已高，恢复起来也不容易。他满头银丝，表情甚为严肃，见到我也不说话，我赶紧向他请安，他点点头算是答应了。

冒老夫人的年纪似乎也很大了，但总是笑眯眯的，看到我便忙着叫我坐下来吃饭，我不敢坐下，便站在一旁，开始帮忙服侍他们。

除此之外，还有冒辟疆的妻子，她也是一个温文如玉的女人，只是一见脸色，就知道她的身子并不好，但是她看到我却还是温和地笑了，没有一丝敌意。

161

冒家的人口众多，除了父母和妻子之外，还有好几个姊妹，一家人住在屋中，也好生热闹。只是我刚刚来到如皋，冒家还未来得及为我安排在家中住，冒辟疆的妻子苏元芳便亲自操劳，帮我在如皋找到了住的地方，让我先行住下，还让我唤她"苏姐姐"，说是今后进了门，便是以姐妹相称。

我心中百般滋味，不知道从何说起。

接下去的岁月便回归了平淡。我在如皋住了四个月，时不时地会回到冒府去见见老先生与老夫人，而苏元芳也常常会带着我在这如皋闲逛，带着我熟悉这儿的地形。她的几个儿女也甚是可爱，常会围着我让我说故事，我倒也乐意与这些孩子们待在一起，这让我感到无比的开心。

这种幸福的感觉，似乎已经很多年没有体会到了。

如今想来，我董小宛倒也是个幸运之人，虽然遭受了许多的磨难，但还好，我最终还是找到了那个可以托付终身的人。

一日，冒辟疆突然来到我住的地方，手中拿着一个红色的锦盒。

我有些不解地看着他，却见他慢慢地打开那盒子，从盒子中拿出了一件白色的衣裳。那衣裳薄似蝉纱，白若飘雪，如同仙子的轻纱，美得仿佛不应该存在于这世界上一般。

冒辟疆温和地笑着，将衣裳递到我的手上，说道："换上这件衣裳，我们一起去金山。"

我眨眨眼睛，有些不明白。冒辟疆见我的样子，无奈地笑笑说："我们相识这么久，竟然从未一起出游过，你不觉得可惜吗？我特地找人做了这件西夏洋布轻衫，便是想要你穿上，而后我们一起去登金山。"

我猛然一个激灵，忍不住心中的激动，扑进了他的怀里。

佛靠金装，人靠衣装。这件绝美的衣裳穿上身，尽然连之前病痛所残留下来的那些憔悴都掩盖住了。冒辟疆看到换上衣裳的我，不禁感叹道："美人美矣。"我羞涩地笑了，宛如少女一般，上前挽住了他的手臂，便向着金山前去。

第九章

与君共坐枫林下，同看云峰映落辉

美人迈兮音尘阙，隔千里兮共明夕；
临风叹兮将焉歇？川路长兮不可越。
歌响未终，余景就毕；满堂变容，回惶如失。

第一节　德性举止非常人，家人皆乐以待之

那一日，我穿着冒辟疆找人精心为我制作的衣裳，一同与他登上了金山。

我突然发现，这或许便是我人生中最为自豪的时刻吧。

金山下是一条江，我和冒辟疆就携手站在这金山之上，看山下的江水滔滔，如同龙腾虎跃一般，我的心中悲喜交加。

我终于能够跟这个男人，站在同一个位置，我终于可以与他携手共度余生。这一切来得如此漫长，然而又是如此之快，至今，我都以为自己在梦中，不敢相信，我竟然也拥有了幸福。

罢了，若这真是梦，也就让我一辈子不要醒过来吧，就让我一生都沉浸在这个梦境之中吧。冒辟疆见我若有所思的样子，便轻声问道："你在想什么呢？"

我摇摇头，笑着说道："没有想什么，只是觉得这一切来得是如此的突然，我倒是有些反应不过来了。"

冒辟疆听了，沉默了一下，说道："并非是这一切来得太快了，而是等得太久了。"

我愣住了，来到如皋之后便再也少见的眼泪，在这一刻又一次决堤了。原来他是知道我的苦的，他明白我在这段时间里面所遭遇到的那一切。

我轻轻地靠在他的怀里，任由自己的泪水肆虐，此刻我终于不用再担心，我的悲伤会换来他的不悦，我的愁苦会变成他的厌恶，我眼前的这个男人，愿意让我成为冒家的人，愿意给我一个安居的地方。

不知道从何时开始，我们的身后跟着许多人，我听到人群中有人说"神仙眷侣"，不禁破涕为笑。我真爱惨这个词，原来我与冒辟疆在他人的眼里，已经是可以艳羡的一对了。冒辟疆见我又笑了，不禁有些奇怪，

第九章　与君共坐枫林下，同看云峰映蓉辉

问道："你又笑什么？"

我调皮地眨眨眼，说道："不告诉你，今日你便与我同看这金山的风景，哪儿也不许去。"

冒辟疆无奈地点点头说道："今日我本来就是要陪你游玩的，又会跑去何方呢？"

我的心中满是甜蜜，再也没有比此刻更加让人感到幸福的了。

那一日，两千多人跟在我们的身后，一同与我们登上金山。四周繁花盛开，春意盎然，春季里所特有的朝气让所有的人都充满了希望，仿佛自己身处的战乱年代已经远去，身处之地，便是世外桃源。

而冒辟疆也正有隐退的打算。

以他的才学，其实早就应该能够中榜，但是他厌恶八股文体，不愿意与世俗一道，因而虽多次参加科举，却总也不中。这让他对科举不再有留恋，加上这几年国家动荡，便有了隐居的念头。而我，也早已对世俗之事厌烦透顶，能够与冒辟疆一起隐居，是我魂牵梦萦之事。

这一年的春天，我终于成为了冒辟疆的妾室。

因为我是妾，虽说是明媒正娶，但是也不能从大门入。那一日，我穿着苏元芳寻人为我做的嫁衣，坐着小轿子从冒家的后门进入了府中。一路上，我的心很是平静，说来真是奇怪，我经历了这么多的磨难，终究熬到了这一刻，心中应该是欣喜万分才对，然而我却毫无感觉。或许，我为这一件事情所付出的，真的太多，多到连我自己都开始怀疑，这是不是值得的？

该知足了。我在心里告诉自己，如今能够得到这一切，我应该要满足了。若不是嫁给冒辟疆，怕是现在，我也只能待在半塘，每天强颜欢笑，还那永远还不清的账。说起那债，我便又想起了钱谦益与柳如是，他们是我今生所遇到的最大的贵人。可惜我始终只能做了别人的妾，他们对我这一世的恩情，我只能下一辈子报答了。

正想着，便感到原本平稳前行的轿子突然停了下来，我知道是到了冒府了，心下终于开始紧张了起来。

做妾，是没有锣鼓喧天的庆贺的，我出嫁的一路，都是安安静静，没有响声，然而我已经非常地满足。原本，作为妾室，正室是要出门给下马威的，但是苏元芳推脱说自己的身子不好，便取消了这一习俗。我知道她并不希望我难堪，也不希望我有所不快，才推脱掉。她的贤惠，让人倍感折服。

下了轿子，下人背着我进了厅内。红布之下，我只能隐隐约约地看到人影的闪烁，我不知道今日来了多少人，但是从能够渐渐响起的人声中，也能猜出那么个一二。

因为只是妾室，我用不着拜堂，便直接被送入了房间中，等待冒辟疆的归来。我身上的衣裳并不似一般新娘的正红色，而是透着一点点粉的红色，原本苏元芳想过为我破一次例，让我穿着正红的衣裳进门，她怜惜我所遭受到的苦难，便一直想对我好些，然而我拒绝了。我不像柳如是那般，是以正室的身份进钱谦益的门，何况苏元芳待我甚好，我自然还是要尊重她这位正妻的。

屋内安静得出奇，怕这时若是有针掉在地上，我也能够听见。红烛灼灼，将房内照得透亮。从红布底下往外看，只能看到房内桌子的桌脚，还有那一地的红色。我的内心开始止不住地紧张，从此之后，我便是冒辟疆的妾室，我便是冒家的人了，从我娘死去时，我便成了一个没有家的人，但从今以后，我便又为自己寻到了家。

我强忍着自己想要流泪的欲望，今日是我自己的大喜日子，自然一定要开开心心的，却不能让泪水沾湿今日。想着，我将眼泪忍了回去。

"吱呀"一声，门打开了，我看到一个人走了进来，他的步伐不急不缓，沉沉的，便是冒辟疆无疑了。心中的小鼓立马打了起来。我不禁握紧了自己的拳头，静静地坐在床上。

"小宛。"冒辟疆喊道，兴许是因为在外喝了不少的酒，他的声音里也带着些醉意。

我的心突地到了嗓子眼儿，默默地点了点头。

冒辟疆倒是先笑了起来，坐在我的身边，缓缓地喊道："小宛……"

我无奈地答道："冒郎……"

冒辟疆笑得更是开心了，说道："今后，你可就要喊我相公了。"

我被他说得羞涩，正不知道说什么好，却被他一把扯开了头上的红布，一下子对上了他那双深邃的目光。

第九章 与君共坐枫林下，同看云峰映蓉辉

167

他紧紧地看着我，似乎是要将我吞噬一般，我也只能看着他，仿佛看不够一般。这个人就是我今后人生中所要陪伴的人，这个人就是我一生悲苦的终结之人。

"小宛……我今后一定会好好待你……"冒辟疆抱着我，轻声说道。

我愣了一下，轻轻点了点头。

那时的我并不知道，对于不幸之人而言，一段悲苦的结束，不过是另一段悲苦的开始罢了。

第二节　针神针绝令人叹，古往今来第一妾

苏元芳的身子不好，一直都卧病在床，而冒家的老人也多是身子不好的，于是冒家许多的担子便压在了我的身上。

我倒是感到十分的开心，我非常喜欢这种能够帮助到别人的感觉。年幼的时候，家中有许多下人，从来用不着我来做事，长大之后，我便进了青楼，日日夜夜歌舞升平，凡事也有丫头打点着，幸而我天生便喜欢做些女红和烹饪，手艺也不算差，来到冒家之后，倒也很好应对各种事情。

我将自己从各处学来的菜，制订成了菜谱，并进行了细心的研究，每日都变着花样来给冒家人做菜，他们倒是非常喜欢。

每日，我做完饭，便和下人们一起将饭菜端到饭桌上，然而便去叫冒家的人过来用膳。冒老先生和冒老夫人必然是坐在上座的，而后便是冒辟疆与苏元芳，接着便是冒家的姊妹和冒辟疆的几个孩子，我便站在一旁，服侍他们吃饭。

老妇人心疼我，便叫我坐下吃，然而我心中却很是惶恐，总有种坐如针毡的感觉，便又会匆匆地站起来，服侍他们。几次过后，他们也感到无奈，只好就由着我去了，我这才感到心中一阵轻松。

冒辟疆有三个孩子，都是苏元芳所生的，但是无奈他们的娘亲身子不好，很少有时间能够与他们相处。有时间见到他们，我便会想起我自己，我娘也是这般身子不好，便常年只能躺在床上，母女间只能偶尔讲讲贴己的话，却甚少能够一起游玩。这么想着，我对这三个孩子无端怜惜了起来，还好，这三个孩子似乎也挺喜欢我的，总也爱跟我一起玩儿。

有时候我为苏元芳送水过去时，她便与我说道这几个孩子，而后就是一脸感激地对我说："小宛，你能够来到冒家真是太好了。我的身子

第九章　与君共坐枫林下，同看云峰映蓉辉

169

不好，总也担当不起这家中的重任，还好有你来了，你这么聪明又很是勤劳，重要的是，我那几个孩子也都喜欢你，我去了之后，这家我也能放心地交给你……"

苏元芳这番话听得我一惊，忙说道："姐姐你莫要乱说，你定然会是长命百岁的。小宛只是一个低等人，怎么能够比得上姐姐呢？你这病只要好好地养着，必然是能很快就好好的。"

苏元芳听了我的话，便不再言语，只是如同往常一样，细心地与我说这冒府的事情。

有一日，苏元芳突然唤我去她的房间之内，我心中有所疑惑，却也便去了。进了房之后，只见苏元芳莞尔一笑，从房里的柜子中拿出了一本东西，递给了我。

我满腹疑惑地将那东西打开，却发现这是冒家的账本。我不解地看着苏元芳，问道："姐姐，这是什么意思？"

苏元芳过来，拉着我的手坐下，说道："前几日，我和老夫人商量过，我的身子不好，老夫人年纪又大了，眼神不好，这家中记账的事情，也很是烦扰，刚好你年轻又聪明，便想着交于你，你愿意吗？"

听了这话，我惊道："姐姐，这怎么可以，我身份低微，冒家的账本怎么可以交给我……"

"唉，什么身份低微。"苏元芳皱着眉头说道，"你嫁进冒家，就已经是冒家的人，你这是在说冒家的人身份低微吗？"

我忙摆手道："不……小宛不是这个意思。"

"不是这个意思就好。"苏元芳突然又笑着说道，"这账本我们想来想去，也就是交给你最好不过了，只是怕你身上的担子又该要沉了，我心里有些过意不去。"

我忙说道："姐姐，小宛不怕担子沉，只是这事儿太重要，小宛怕难以胜任。"

苏元芳握着我的手说道："你不用怕，这账本的事情，若是你有问题，就来问我好了，我保准将你教会，只是你也知道这事关重大，一定要放心思进去。"

我只能点点头，收下了账本。

拿到这账本之后，我便开始更加认真地做事，每个月都认真地进行对账，不敢有一丝的怠慢，不敢私自藏用银两，几个月来倒也一直都很是安逸。冒老先生本来似乎对我的存在并没有太多的感觉，但是等到我将账本交给他的时候，眼神中却闪过一丝惊讶。后来苏元芳告诉我，老先生对我做的账非常的满意，还问她我是怎么学会的，怎么可以这么的细心能干。听到这话，我才松了一口气，心中感到无比的幸福。

能够嫁入冒家，是我一生最为幸运的事情，我也不断地努力着，希望冒家所有的人都能接受我的存在。幸而，冒家人的性情都十分地和蔼，待我不薄，尤其是苏元芳和老妇人，更是真的将我当做了自家人，总觉得我做事辛苦，便想让下人来分担我的事儿，我从心底感谢她们，更是从心底感到幸福。

有时候显得无事，我便会在家里做一些女工的活儿，我家从前是绣庄，我打小便也学了不少的女红活儿，在最为艰难的时候，这些活儿还为我支撑了不少开销。苏元芳看到我做的女红后，惊叹得说道："这甚是神针神绝啊，小宛，你这是从何学来的？"我便如实将我的身世告诉了她。苏元芳不禁感叹道："我知道你家从前是绣庄，只是想不到你会这么好学，那时你该是一个富贵人家的子女，居然还学了这一手艺。"

我笑道："从小我娘便教导我，凡事总要自己学会才行，因而除了女红，我娘还教了我许多诗词歌赋，还让我学了琴棋书画。"

苏元芳叹道："想不到你不仅年轻漂亮，还会这么多的东西，难怪相公要娶你进门。"我的脸因她这句话而羞得通红，忙说道："小宛才疏学浅，相公愿意娶我，是我今生的福气。"

"我可不这么觉得。"苏元芳笑着说道，"能够得到你，是相公的福气，也是我们冒家的福气，你可知道你这一来，帮这家中做了多少的事情吗？"

我含笑低头说道："这都是我应该的。"

冒家的庭院中，繁花盛开，连空气中都能闻到花朵那香甜的气息，我想，如若人生中有幸福，那就应该是这样的感觉了吧。

第三节　红袖添香助冒生，平添细致与风雅

一日，我在家中打扫，无意中进了冒辟疆的书房，见他书房中满是墨宝，便很是有兴趣地看了起来，其中一幅字吸引了我的注意力。

我拿起那幅字，只见上面写着"月赋"二字，此赋算得上是难得的佳作，然而我自幼苦读诗书，对赋的本身并无惊讶，只是这字看上去格外地秀丽，让我第一眼便喜欢上了。正看着，冒辟疆不知道什么时候进了屋，见我拿着那幅字站在那儿，便问道："小宛，你在这儿做什么？"

我被他吓了一跳，忙将手中的东西放下说道："本来我只是想进来打扫一番，但是见到你桌上的这幅字，觉得甚是好看，便拿起来端详。"冒辟疆被我说得也有了兴趣，将那幅字拿起，看了一会儿，笑着说道："你倒是真有眼光，这是董其昌仿照钟繇笔迹赠我而写的《月赋》，是难得的佳作。"

原来是钟繇啊，我心中恍然大悟，他的作品我也见过不少，从前便很是喜欢，今日居然如此难得，被我在冒家的书房中又找了出来。

"怎么？你很喜欢吗？"冒辟疆见我若有所思的样子，问道。

我也不隐瞒，说道："钟繇乃是楷书的创造者，小宛可是非常敬佩的。"冒辟疆的眼里流露出一丝赞许，说道："你知道的倒是不少，这幅字便让你拿去临摹好了。"

我欣喜若狂，问道："当真？"

冒辟疆点点头，我见他同意了，忙拿起那幅字仔细端详。名家之手就是不一般，字里行间都能让人感受到其深厚的功底，我倒也不客气，高兴地拿着那幅字便去找文房四宝，迫不及待地开始临摹，完全忘了打扫之事，看得冒辟疆无奈地摇头。

冒辟疆知道我喜爱写字之后，便给了我许多上好的文房四宝，然而

对于钟繇的喜爱并没有持续多久，没多久就改学了曹娥碑，冒辟疆很是好奇，问道："你不是很喜欢钟繇的吗，怎么又换了字学了？"

我答道："原本是喜欢，但是今日我开始觉得他的字太过于瘦了，而且他还将关羽称为贼将，光是这点，我便也不喜欢他了。"冒辟疆听完我的话，不禁好笑地摇摇头说道："真是孩子脾气。"然而我知道，我这么做，他是非常喜欢的。

此后，我便开始每日练字，一练常常都是半天，半天便是几千字，从未有过偷懒，冒辟疆见我如此钟爱写字，也常会说道："你真是练字成痴了。"

勤奋地练字，总算是会有回报的。练了几个月之后，冒辟疆给了我一些扇子，说是要送给亲友，便让我用楷书在上面题字。我很是惶恐，原想拒绝，但转念一想，这不正是展示我书法的好机会吗。于是我便花了好几天的时间，用楷书在扇子上面题字，再将扇子赠送给了交往较密的亲友，后来听闻，他们都很是喜欢，倒也没有辜负了冒辟疆对我的信任。

春去秋来，我在冒家也待了不少的日子，除了冒家的主人之外，与冒家的下人也开始熟识，他们倒也会恭敬地称我一声"二夫人"，我虽然不计较这"夫人"的称谓，但听到这话，自然也是感到开心的。

这一年，冒辟疆开始整理《全唐诗》，想着这其中必然也有我一直所敬仰的李太白，我便哀求着冒辟疆也让我帮忙。每日，他在书房之中忙碌，我就默默地守在一旁，帮他研磨，誊写。有时天色晚了，我便去厨房中，为他做一些可口的小菜，送到书房之中，看着他慢慢地吃下去，每当这个时候，冒辟疆都会笑着看着我，说一句："小宛，真亏了有你。"我一日所有的辛苦便全然值得了，心中满是幸福。

冒辟疆喜爱吃甜食，还喜爱一些海鲜或者味道重的食物。这曾经一度难倒了我，因为平日里喜爱的都是一些清淡的食物，对这些东西了解甚少。但幸好，我对食物本来便很有兴趣，常常在厨房中待上许久，时间久了，竟也研究出了几道让冒辟疆赞不绝口的食物。冒辟疆曾经说过想要尝试下我做的糖，我便对这种糖做了不少的改进，使其更为香酥，更为甜美。

我虽然很能喝酒，但是心中并不喜欢，冒辟疆也知道这件事，便从

第九章 与君共坐枫林下，同看云峰映蓉辉

外找来了些芥片，芥片茶煮好后，会有一股特殊的香味，让人难以忘怀，喝上一次便会上瘾。因而月亮明亮的时候，冒辟疆会与我在庭院中一起赏月。泡上一壶清甜可口的芥茶，再做一些点心，在庭院中，寻一处敞亮的地方坐下，吟诗作对，相互倾诉，别有一番风味。

银烛秋光冷画屏，轻罗小扇扑流萤。

月光之下，世间万物都归于沉静，我手执小扇，与冒辟疆一同观月，说着古往今来那些说月光的美好的诗句，而后又自己作些小诗，倒是其乐无穷。

平静的日子，便一直这样下去，转眼间，我嫁入冒家已经过了一年的时间。我们隐居于此，便也不知道外面的状况，过着世外桃源般的生活，好不快活。我几乎以为，这样的日子会一直过下去，直到我死去为止，我可以将我剩余的所有生命，都奉献给冒家。然而天有不测风云，这世间之事，总不可能一直按照世人的愿望而前行。明末之时，天下大乱，盗贼乱兵四出，烧杀抢掠，生灵涂炭，纵然已经隐居，我们也渐渐能够感受到压力。

不知道从什么时候开始，冒辟疆脸上的笑容少了，每每看到他，都是眉头紧锁，满腹心事的样子。我曾经想要上前询问，然而苏元芳拉住我，摇了摇头，我便犹豫着止了脚步。

外面的局势已经越来越混乱，日子也越发地难过起来，冒家的开销已经渐渐出现了空缺，我只能精打细算，又辞退了一些下人，才能维持开支。这些事情，冒辟疆是更为清楚的，然而却也毫无办法。

第四节　盗匪劫舍欲逃离，冒生弃下董小宛

这一日，我正在房中写字，便听到外面一阵吵嚷的声音。

我心中有些不悦，练字的时候，讲究清静，这吵嚷之声无疑坏了我的兴致。于是我便放下手中的笔，出门想看看是什么人在外吵闹。

可没想到的是，一出门便有下人向我跑来，一边跑还一边喊道："二夫人，不好了，街上来了很多的强盗，到处抢劫打人，很快就要到冒府了！"

我心中一惊，这兵荒马乱的时候，强盗横行早已不是什么离奇的事情了，只是如此大胆地敢闯入别人家中的，倒还是少见，正想着，那下人又喊道："二夫人，你快逃吧，强盗们已经过了大门，正往这儿闯呢！"说罢，便往冒府的侧门跑去，我愣了一下，突然想到冒辟疆还在内室中，忙问那下人："你看到老爷他们了吗？"

那下人本就要走了，又被我拦住，一脸的不乐意，说道："老爷早就带着夫人和老夫人从后门走了！"

已经走了？听了这话，我不禁愣住了。我在这书房之中练字，他是知道的，但是街上出了强盗，他却并未来找我，而是带着苏元芳和母亲逃走了。

一种透彻的凉意灌进了我的心里。我放开了那个下人，回房随意拿了一些细软，便向着后门跑去。一路上，下人们都乱了手脚，争着要逃出去，然而逃出去又能怎样，街上都是强盗，必然也不会让他们有好结果。

我知道冒府中有一个后门，是能够通道郊外的别庄的，如今强盗来了，冒家人必然会从那个后门走出。说不定会在那儿碰到他们。吵嚷的声音越来越响，我甚至能够听见有人哭泣的声音，我强迫自己忽略掉这些东西，匆忙地迈着脚步向后门跑去。

果然，到了后门处，便看到有三个人站在那儿，正是冒辟疆与苏元芳以及老夫人。

见到他们三人，我心中稍稍镇定了下来，然而却很是疑惑他们为什么站在那儿？

走近了之后，苏元芳见是我，脸上露出喜色，说道："妹妹你可来了，我还怕你赶不上，叫那些强盗们掳了去呢？"

"姐姐莫不是在等我？"我惊讶地问道。

苏元芳苦笑地摇摇头说道："这门太久没有用了，已经开不了了。"

我听言，便绕过他们，看了看那门。因为年久失修，加上风霜雨雪的摧残，门上的锁已经完全生了锈，不能再用。现在去找工具怕也是来不及了，我皱着眉头想了想，对一旁的冒辟疆说道："相公，为今之计，只能由我们做垫子，让娘和姐姐先出去，而后我们再翻过去。"

老夫人一听，说道："这怎么行，你的身子这么弱，抬我这个老太婆岂不是要累死你？"

我笑笑说道："娘你不用担心。"转头便用询问的眼光看着冒辟疆，他微微想了一下，点头答应了。

老夫人和苏元芳的身子都很弱，但是体重却不轻，我和冒辟疆用尽了力气才将她们送出了墙之外，然而这个时候，已经能够听到强盗在房中肆虐的声音，我的心中不禁一颤，忙对冒辟疆说道："相公，你先翻过去，我稍后再来。"

冒辟疆犹豫了一下，便爬上墙，用一只手撑着自己，伸出另外一只手对我说："小宛，快。"

此刻我其实已经全然没有力气翻出这道墙了，但是他这一伸手，却突然给我的双腿注入了力量，我赶忙踮起脚尖，奋力够到了他的手，几番拉扯之下，总算是翻出了这道墙。

然而一翻出墙，冒辟疆便松开了我的手，一手拉起老夫人，一手拉着苏元芳，转头对我说道："你快点跟上来，别让强盗发现了我们的行踪。"

我心底突然一惊，难道他拉我出来，不过是害怕强盗发现了我们的行踪。

双腿突然失去了力量，我差点瘫坐在地上，然而冒辟疆牵着老夫人和苏元芳已经跑远了，倒是苏元芳还不时地回头对我喊道："小宛妹妹，你快点啊！"

强盗似乎已经占领了冒府，我能够听到他们的声音在墙的另一边响起，我咬咬牙，强迫自己站了起来，拉紧了身上的包裹，迈开步子追着他们而去。

我们不知道这一场浩劫经历了多久，冒家所在的那一条街上都被狠狠地洗劫了，街上满是流落的难民，到处都能听到人们哭泣的声音，所谓的生灵涂炭，莫过于此吧。

我紧紧地跟在冒辟疆他们的身后，第一次觉得，自己离他们竟然是如此的遥远，冒辟疆没有回头看我一眼，只是管自己往前走。不知不觉中，我发现自己的手指已经变得冰冷，但常年来的成长，已经不会让我的泪水如此轻易地掉落，我只能安静地跟在他们身后。

找到住所已经是傍晚的事情了。我们最终在这里住了好几日，幸而我出门的时候带上了一些细软，几日来靠这些东西换了一些吃食，我们几人才不至于挨饿。待到强盗们终于走了，我们才有胆量回到了冒府。但这时的冒府已经被洗劫一空，四处都遭到了破坏。老夫人一见到冒府的样子，立刻气得晕了过去，我忙扶着老夫人进入休息，好一阵折腾之后，才安定下来。此后便是开始漫长的整理。

我们盘查了一番，或许是因为强盗去的匆忙，虽然冒府的损失惨重，但还不至于完全被洗劫，还有好多值钱的东西被留了下来。整理出这些东西之后，我心里才安稳了一些，这些东西，至少还能维持很长一段时间。

然而平静的生活已经被打破，想要再回归到安逸的生活，必然已经是不可能了。

夜深，我依然在冒府中的各个房间中，查看这一场浩劫中的损失，心中一种不安的情绪不断在颤动。财力雄厚的冒府尚且躲不过这样的灾难，更何况那些平头老百姓？我始终忘不了路上遇到的那些穷苦人们的哭喊声。

那些声音盘旋在我的心底，像是在预示着什么不幸。

第九章　与君共坐枫林下，同看云峰映蓉辉

第五节　与其难中舍弃你，不如赠你于我友

李自成的兵终于来了。

虽然早早便预料到了这一刻，但是这一时刻当真来临的时候，所有的人还是慌了手脚。冒家上上下下都开始打点包裹，准备随时出城避难，而我也忙着帮冒家人整理好贵重的东西，准备带上逃亡的路途。

一家人正在忙碌地整理着，冒辟疆却突然找到我，说道："小宛，李自成的军队马上便要来了，我们马上就要逃难，只是这偌大的冒家产业，恐怕就难以保留了。"

我听着，不知道他想说什么，只能疑惑地看了看身边的苏元芳，却见得她也是一脸疑惑的样子。

冒辟疆继续说道："我想了许久，这冒家的产业，是祖宗留下来的，决不能就这么拱手让了人，于是我想，留你与下人们下来看家可好？"

我抬头看着他，冒辟疆的脸上没有一丝不舍与难过，他说这话的时候，脸上的表情与平时没有任何的差别，若要说有变化，就是眉宇间多了一股忧愁。然而忧愁的是这冒家的产业，而非我的归属。

也罢，我不过是一个妾室，怎么可能比得过这冒家的祖宗产业呢？倒是他留我下来看管这些东西，也算是对我的信任了。我沉默了一会儿，轻轻地点点头。

"这怎么可以？"苏元芳突然说道，拦在了我和冒辟疆的面前："妹妹只是一个柔弱女子，留她下来，她的日子该怎么过？"

冒辟疆皱着眉头说道："我又何尝不心痛呢？小宛是我的爱妾，失了她我心中也很是难过啊。"苏元芳并没有被这一番话说服，正还想说点什么，却看到家中的下人拿着家里的东西正在往外跑。

那些下人们手中拿着的都是冒府里贵重的东西，有些甚至打了好几

个包裹，绑在身上，纷纷冲出冒家的大门。

冒辟疆忙冲上去拦下，问道："你们这是在做什么？"那些下人也不理睬，越过冒辟疆往外跑。冒辟疆见拦不住他们，便一把拉住了其中一个喊道："你们这是要做什么！"

那下人被他吓得直哆嗦，硬着头皮说道："老爷，你也知道李自成的军队马上就要来了，我们虽然是下人，但是下人的命也是命啊，我们在冒家做了这么久的事，怎么也有点苦劳啊。"说着，一把推开了冒辟疆，搬起家中值钱的东西便往外跑。

我和苏元芳两个柔弱女子也拦不住这些下人们，只能忙着上前扶起被推开的冒辟疆。只见此时的冒辟疆已经是一脸的黑色，连手指都不禁在颤抖。

"冒家的基业……"冒辟疆断断续续地重复着，脸上是满满的绝望。

我看了一眼苏元芳，她的眼中已经满是泪水，却依然强忍着不肯流下。

我将冒辟疆扶到厅里坐下，这时候，老夫人和冒老先生也从房间里出来，身上背着几个大大小小的包裹，我知道，这些便是他们的身家了。

两位老人家一出门，见到冒府里混乱的状态，脸色不禁惨白，但毕竟是见过世面的老人家，面对此情此景，也只是无奈地叹了一口气，对冒辟疆说道："如今人人自危，也怪不得这些下人们了，我们只要一家人能够逃命就好了。"

冒辟疆抬头看看两位老人家，突然双膝跪地，眼含泪水说道："爹，娘，是孩儿不孝，孩儿没用，才会坏了这祖宗的基业。"

冒老先生无奈地摇摇头，说道："罢了罢了，乱世之中，谁不是身不由己，我们还是快走吧，若是兵临城下，便是想走也走不了了。"

说完这话，冒老先生挺了挺腰板，扶着老夫人往前走，恍惚间，我似乎能够看到老先生年轻时候那种英伟的样子。

"妹妹，你怎么不走？"苏元芳经过我的身边，问道。

我笑着摇摇头说道："相公让我留下来看家呢。"

虽然心中感到害怕，但是我应该要听他的话。苏元芳皱皱眉头说道："这家都快被拆了，若是李自成来了，必然是要烧杀抢夺，你还看什么家？"说着，看向了冒辟疆。冒辟疆的眼睛还定定地注视着那些疯狂地

第九章 与君共坐枫林下，同看云峰映蓉辉

搬运着冒府财物的下人身上，好半天没说话。

苏元芳见状，便上前拉了拉他，说道："相公，你倒是说句话啊，小宛妹妹你想怎么安排？"

冒辟疆回过神来，愣愣地看着我，半晌之后说道："如今我举家逃难，这一路上怕是难顾你周全，这样吧，我有一位好友，平日里过得不错，我便将你交付于他。如果日后我们还能再见，便重修旧好，如果再也不见，那便相忘彼此。"

他……要把我送给别人？我愣住了。纵然他曾经三番五次地弃我不顾，但我仍一直固执地认为，自己的心意终有一天能够打动他，然而时至今日，大难临头，他却依然没有想带我离开的意思，他只是想要抛弃我，将我送给他的一位朋友。

不，我不要这样。我的内心在疯狂地嘶吼，然而却说不出一句话，我甚至感到，若是我现在张嘴，出来的必然是一口鲜血！可是我能够怎么办？

已经许久没有流下的泪水，又一次沾湿了眼眶，我咬咬牙说道："相公考虑的极是，如今我跟着你们只会是你们的一个负担，与其拖累你们，我倒不如听你的话，去你的朋友那儿，如果战乱过后，我们依然有缘相见，那么必然是最好的。但如果我们再也不能相见，那金山之下的大海，就是我的葬身之地。"说完，我含泪看着冒辟疆，眼神里满是坚决，冒辟疆也看着我，表情很是复杂，让我惊讶的是，他的眼里居然也能看到一丝泪花。

"不！绝对不行！"苏元芳说道，声音都开始颤抖，我转头一看，发现她不知道什么时候将老夫人和老先生重新拉了回来，正站在那儿，一脸凝重地看着我们。

许久后，老夫人开口说道："儿啊，带上小宛吧，这段时间她为冒家做了不少的事情，我们不能这么不仁不义将她这样抛弃。逃亡的路上本来就是辛苦的，再苦一点也没关系，我见到这孩子的第一眼就很喜欢，你就让她待在我身边吧。"

冒辟疆沉默了一下，点头算是答应了，而后便拿起身边的包裹，上前扶着老夫人，向着门口走去。

苏元芳见我还是站着不动，轻轻叹了口气，说道："妹妹，来日方长，这战乱的日子不知道还要过多久，你莫不要先伤了自己的身子啊。"

　　我看着这个美丽温和的女子，缓缓地点了点头，用冰冷得几乎失去知觉的双手拿起身边的包裹，和苏元芳一起向门外走去，追着冒辟疆的步伐。

第九章

与君共坐枫林下，同看云峰映蓉辉

第十章

九年得与共床枕，一生之幸皆享尽

江城细雨碧桃村，寒食东风杜宇魂。

欲吊薛涛怜梦断，墓门深更阻侯门。

第一节 辗转回归冒家院，缺米少盐日难度

这战，一打便是好几年的时间。逃亡的路途中，我几乎已经忘记了时间，每天只知道逃跑逃跑，以及一家人的生计。我已经不计较冒辟疆对我所做的一切，甚至于他是否心中有我的问题，因为长时间的逃亡生活，早已让我没有时间去思考这些，更何况，就算能得出个所以然，又能怎样呢？

生活便是在这无谓的忙碌中度过的。幸而上次出逃的时候，我下意识地将家中一些名贵的书画整理好，藏在自己身上带了出来，这一路上还能有个念想。

李自成破了京城，一路南下，人人自危，我们一家人也只能向南逃亡，以求躲开李自成的军队。还好当日我们逃得快，一家人没有失了性命，然而带出来的细软却也因为匆忙而不多，日子很是难过。我精打细算，才能勉强维持生活的开支，然而风餐露宿还是在所难免，有时候甚至只能睡在别人家的门板上，两位老人家年纪大了，身子也渐渐地变差了。

我不愿意看着家人如此痛苦，便着手研究如何让野菜烧得美味些，也动了许多的心思想让日子过得好一些。这一年夏日，天气十分炎热，唯有夜里能够出来乘凉。这一日是七夕，我无端地难以入睡，便起身坐在暂住地外的草地上，看着天上的月亮，又将从家中带出来的那一点香点燃，独自赏月。

"月漉漉，波烟玉。"这是李贺的一句诗，同时也是我最喜爱的关于月亮的诗。每当赏月的时候，我便会反反复复念这一句，冒辟疆常常还会因此而取笑我，说我翻来覆去便只有这么一句。正想着，不禁痴痴地笑了起来，又突然感到身边有什么人坐了下来，我转头一看，竟然是冒辟疆。

185

"你怎么出来了？"我有些惊讶地问道。

冒辟疆笑笑说道："睡不着，便出来看看。"

我眨眨眼，也冲他笑笑，便安静地坐在那儿了。不知道已经有多久没有跟他这么肩并肩地坐在一起赏月了，上一次有这样的兴致，似乎还是在战乱之前，那时我们秉烛夜谈，点一炉女儿香，煮一壶芥片茶，便是在外赏一夜的月亮。有时候还会与冒家的那几个小孩子，一起背诵些有关明月的诗词，好不快活。只是这战乱一来，便让这样的生活全然破灭了。

物是人非。战乱已经改变了太多的东西，我突然想着，虽然发生了如此多的变故，但我至今仍在冒辟疆的身边，这是不是也是上天对我的怜悯呢？

月明星稀，黑布般的夜幕中点缀着寥寥无几的明星，那一轮月亮，高挂空中，格外地清冷美丽。

"平日里见你很是喜欢《月赋》，我倒一直没有问你，为何会如此喜欢这月光？"冒辟疆突然问道。

我笑了一下说道："我读《月赋》的时候，发现古人都不喜欢早晨太阳出来之时，而是喜欢夜晚月亮升起之时，原本我也不是很理解，但是等我在这月光之下静坐许久之后，才知道，比起朝阳的热烈，月光的静逸有一种仙境之美，能让人心旷神怡。我一生没有什么所求，只是与你在这月光之下，共度每一个夜晚，便很是满足了。"

冒辟疆点点头，轻轻抚摸我的发丝。

我突然之间灵机一动，从怀中拿出一对金钏，这是我娘去世之前所留给我的东西，我从来都舍不得戴，只是做一个念想留在自己身边。

我举着那对金钏对冒辟疆说："相公，今日是乞巧节，我可否求你一件礼？"

冒辟疆好奇地看着我，说道："只要是我能做的，我必然会为你做。"

我笑笑，将那对金钏递给他，说道："小宛没有别的要求，就是想求夫君在这对金钏上刻上'乞巧'与'覆祥'四字，算是对这日子的一个盼头。"冒辟疆想了想说道"这有何难？"便起身，拿着我那对金钏进了屋。

夜晚是如此的宁静。这草地上又只有我一人了，我轻轻叹口气，抱住自己的膝盖，静静等候着冒辟疆的归来。不知道是不是因为战乱的原因，细听之下，会发现今年连蝉鸣声都少得可怜，白日里倒还有些鸟儿的鸣叫声，只是一入夜，便真的万籁俱静。夏日的繁花倒还是绽开得格外艳丽，争奇斗艳，美不胜收，浑然不知人间的生灵涂炭。

不知道过了多久，冒辟疆回来了，将那对金钏递给了我，我拿起一看，上面果然已经工工整整地刻上了那四个字，心中不禁一阵惊喜。

"这样便可以了？"冒辟疆见我一脸笑容，便问道。

我点点头，将那对金钏细细地收进怀里，说道："小宛这一生并无所求，只要是夫君能够一直在我身边就好，若是今后有难，我不得不与夫君分离，那小宛见到这金钏，也便能睹物思人，有个念想了。"

冒辟疆闻言叹了口气道："这战，真不知道什么时候能够结束。"

必然没有人能够知道战争什么时候结束，就如同没有人知道战争到底是什么时候开始的。在战乱面前，我们与一般的平民没有两样，生命都像是浮萍一般，漂浮不定，没有方向，能够度过一天便是一天。

那一对金钏成了我的宝贝，无论是谁也不能动它半分，然而不知道为何，第二年的乞巧节，这一对金钏却无缘无故从中间断开了。冒辟疆见我伤心欲绝的样子，便想着法子又弄来了一副金钏，在上面刻上了"比翼"、"连理"四个字，总算逗得我破涕为笑。

这一段时间，我们曾经在嘉兴的水绘阁住过一段时间，国家动荡，山河破碎，家族流离，而我们却只能默默接受这一切，纵然是暮春时节，也只能见到一地残花，不禁心生凄凉，葬花流泪。

不知道过了多少年颠沛流离的日子，我们终于得到了战乱结束的消息，一家人无不兴奋，便兴致昂扬地启程准备回家。然而这一路走得也并未比逃亡时轻松。我们的钱财在几年的逃亡中已经散的差不多了，我只能再勉强节省开支，一家人也只能过上饥一顿饱一顿的生活。待到好不容易回到了冒府，却发现原本的家园已经变成了一片废墟。

虽然早已有心里准备，在我们离开的这几年中，一定有军队踏过这里，将这里洗劫一空，但是面对残垣断壁，我们的心中还是一阵一阵地发冷。战后的生活依旧艰难，为了维持日常的开销，我和苏元芳便开始

第十章 九年得与共床枕，一生之事皆尝尽

187

做女红，想要换些钱来用。但缺米少柴的生活却没有好转多少，一番精打细算下来，日子还是相当艰难。

然而我没有料到的，就在这个最为艰难的时候，冒辟疆病了。

第二节　冒生病重苦难熬，董小宛日夜服侍

季节交替，气候开始变化，我们千难万险回到了冒府，然而除了那一片狼藉，还有更多的艰难正在等候着我们。

大夫从房中走出的时候，我仿佛间似乎看到了当年的影子。

一如我曾经在半塘时看到的情景，我娘的房间中总是时不时会有大夫来诊病，不知道诊了多少回，不知道吃了多少药，但是到了最后我娘依然还是无药可医，在郁郁寡欢中死去。想到这里，我心里不禁阵阵地发慌，生怕冒辟疆也有个什么好歹，趁着大夫在与苏元芳解释冒辟疆的病情时，忙进了屋。

此刻，冒辟疆正躺在床上，他的脸色苍白，找不到一丝血色，双眼紧紧地闭着，眉毛锁在一起，看上去十分痛苦的样子。几日的病痛便让他的身子瘦了一大圈，原本就已经清瘦的他，看上去更加的单薄，直让我心痛。我有些颤抖地弯下身，轻声问道："冒郎，你感觉怎么样？"这其实是一句无用的话，看他的样子便知道他此时有多痛苦了，然而我却还是禁不住这么问。

冒辟疆皱着眉头摇了摇头，没有说话，我知道他这是已经痛苦得说不出话来了。

这时，我听到苏元芳在门口轻声地唤我，转头看去，她的脸色也很是难看，我犹豫了一下，便出了门。

"大夫怎么说？"我焦急地问道。

苏元芳沉默了一下说道："下痢和疟疾，大夫说怕是没有几个月是不会好的。"

我猛地一惊，难怪他会消瘦得如此厉害，这两种病，单是其中一种便已经能够让人生不如死了，如今两者皆有，难怪把冒辟疆折磨得不成人形。

"大夫开药了吗？"我又问道。

苏元芳点点头说："开了，我已经叫人跟大夫去抓药了，只是相公这病不是一两天就能好的，怕是我们要想些办法了。"

我想了一下说道："姐姐，你身子本来就不好，若是照顾相公，怕是连你自己的身子也会受累，倒不如都交给我，只是这家中的其他事务只能麻烦姐姐操劳了。"

苏元芳犹豫地说道："家中事务倒也还好，除我之外还有人可以帮忙，只是你一个人照顾相公可以吗？"

我点点头道："放心，我一定会照顾相公周全的。"

苏元芳权衡了一番，想着如今家中的光景，便也无奈地答应了。

这一日之后，我便找了一张草席，摆在冒辟疆床的旁边，晚上便睡在这房间中，好能最及时地照顾他。

每日每夜，冒辟疆都会被病痛折磨得睡不好觉，有时候甚至会一夜无眠。这时候，我就会与他一起，聊一些他所想听的事情，尽量分散他的注意力，让他不要再感到疼痛，这一聊，往往都能到天明，待他沉沉睡去之后，我才能小歇一会儿，却又要马上起来干活。

疟疾会让人感到忽冷忽热，痛苦万分，我便时刻地观察冒辟疆的状态，一旦他喊冷，我便会用身子抱住他，用体温让他感到暖和；一旦他说感到热，我便帮他擦拭身子来降温。而下痢更是会让人上吐下泻，难以自持，也会让人腹痛难忍，非常辛苦。因而一旦他腹痛，我便会帮他轻柔腹部，来缓解他痛楚，若是下痢，便帮他解带宽衣。一日复一日，不知不觉中也便过了几个月。

这期间，老夫人和苏元芳见我很是辛苦，便想帮我一起照顾冒辟疆，但都被我拒绝了。如今家中事情繁多，每个人身上的担子都很沉重，若是让他们分心来照顾冒辟疆，很多事情也便难以完成了。

幸运的是，在经过了五个月卧病在床的生活后，冒辟疆的身体渐渐有了起色，这让我们都松了一口气。

这一日，我正在房中帮冒辟疆擦拭身子，冒辟疆突然神色沉重地说道："小宛，这段时间当真是辛苦你了。"他的病刚刚有转机，身子还虚得很，说话的声音都是轻轻的，使不上劲儿。

也不知道他为何突然由此感叹，我便笑着回答："倒也不是很辛苦，只要你的身子有转机，我再辛苦也是值得的。"说着，我也已经替他擦拭好了身子，慢慢地替他穿上了衣裳，再缓缓地扶他躺下。

　　冒辟疆仰面躺在床上，一双没有神色的眼睛紧紧地盯着我说道："小宛，你消瘦了好多。"

　　我愣了一下，不禁回头看了一眼房中的镜子。镜子中有一个骨瘦如柴的女人，身上一件素色的衣裳已经宽大得不合身，毫无血色的脸上已变得蜡黄，哪里还有一个美艳女子的影子？突然觉得全身都没有了力气，我回头勉强挤出一丝微笑，对冒辟疆说道："相公，我得把水倒了，你在房中好好休息着。"说着，也不等他的回复，便端起水盆向外走去。

　　我曾经是一个对自己容貌相当自负的女人，纵然是身在青楼，我也一定要让自己美美地见人，然而这几年的光阴下来，我早已没有了当初的美貌，倒是越发地变成了"黄脸婆"。虽然我心中一直告诉自己，这一切都是值得的，但是当意识到自己青春不再时，那种女人都会有的痛楚便会漫上来。

　　倒完水，我又回到了房中，冒辟疆已经躺在床上沉沉地睡去。他的眉毛还是扭在一起，似乎在梦里都忍受着巨大的痛苦。这几个月来，他一直没有睡过一个好觉，多半都是支撑不住睡意，最后昏睡过去的，我们虽然看着着急，却也毫无办法。我拿了一张凳子，静静地坐在他的床前，看着他苍白的脸。其实何止是我呢，几年的折腾下来，他的眉眼间，也开始有了变老的趋势。战火四起，给我们带来了太多的不幸，毕竟谁也战胜不了时间。

　　冒辟疆不知道在做什么梦，发出了几声呢喃的声音，便翻了个身，身上的被子不小心滑落了下来，我忙起身帮他盖好。

　　夜，是如此的宁静，房中只能听到我与冒辟疆的呼吸声，我将草席铺好，小心翼翼地躺下去，生怕发出什么响动，会吵醒沉睡中的冒辟疆。凉风阵阵，吹进了房里，我将身上的毯子盖好，终也疲倦地进入了梦乡。

第十章　九年得与共床枕，一生之事皆享尽

第三节　六十昼夜紧伴枕，一百多夜坐而寝

随着冒辟疆的身子一点点地变好，家中的日子也稍微安稳了一点。冒辟疆已经渐渐地能够下床小小地散一会儿步了，而我便也就扶着他，在家中的花园里走走，他的心情似乎也好了许多。

夏日来临，冒家的屋子已经渐渐修缮好了，庭院里的荷花池中也有了含苞待放的花骨朵儿，虽然还未绽放，却也已经有了少女般羞涩的美。冒辟疆与我在花园中散步时说："过了这么多的苦日子，今年的夏夜，总算可以与你一起在月下畅谈了。"我淡淡地一笑，说道："今年的月光一定格外地美。"

苦难的日子依然无法消磨掉我们心中的那些情怀，月光之下，依然有才子佳人。

然而正所谓一波未平，一波又起，冒辟疆的疟疾和下痢才刚刚有好转，却又患上了其他的病。几年的艰难生活，让他患上了严重的胃病，几个月的下痢，更是让他本已经严重的胃病更加触目惊心，待到发现的时候，已经严重到出血。胃病发作之后，冒辟疆更是什么都吃不下去，一旦进食胃中就是翻江倒海的疼痛，只能少少地吃些煮烂了的东西，纵然我精通厨艺，对于这样的食物也绝没有办法做出香甜的味道。

这胃病来得急，让我们一家人都慌了手脚，出血的情况太过严重，纵然请到了本地最好的大夫，也只能草草地止住了血，而身子的调养还需要长久的治疗。

疟疾和下痢还没有完全好，却又害了胃病，痛苦的程度可想而知。冒辟疆的脾气越来越坏，有时候甚至会将手中的碗狠狠地砸到地上，嘴中念叨："我这样活着还有什么意思，倒不如一死以求解脱！"这些话往往会吓得我和苏元芳出了魂，忙围在他的身边，说些好听的话来劝解，

直到他渐渐地平静下来。

此时已经是夏天，天气十分炎热，健康的人在这烈日之下都会感到身体不适，更何况是冒辟疆这样的病人？但是大夫说这种病不能下重药，要用药一点点地调养身子。这又是一场长久的战争。我心中想着，又进了冒辟疆的房间。

他病快快地躺在床上，双眉紧紧地皱在一起，连看看是谁进屋的力气都没有，宛如死尸一般，静默地没有一丝反应。窗外的阳光照进来，打在他的脸上，无端地刺眼，我便上前将窗户关上。

因为天气炎热，房中又很是闷热，我担心一直闷下去他的病会更加严重，白日里便在房间中为他扇风去热，等到他舒服了一些之后，便去外面为他煎药。他的药很是复杂，常要在外待上一两个时辰来熬药。那些冒出的热气，总会让我汗流浃背。虽然厨房中照不到阳光，但是夏日的那种闷热也足以让人感到阵阵地发闷了，我往往要在这样闷热的厨房之中待上半天，才能熬好一碗药，每当这时，我身上的衣裳都已经被自己的汗水浸湿，粘在身上说不出的难受。但是我却依然不能去沐浴更衣，而是要尽快将药端去给冒辟疆喝下。有时候他胃痛发作，药刚刚喝下去就被他吐了出来，我便又只能回到厨房重新熬制。胃病不同于一般的病痛，要时刻关注出血的情况，于是每次冒辟疆如厕的时候，我都会陪同他一起去，好观察他的情况，再在下一次大夫来诊治的时候告知大夫。

有一次我询问大夫冒辟疆的情况，大夫说道："姑娘你放心好了，原本冒公子这病是要拖很长时间的，但是因为你观察仔细，又将他照顾得很好，依老夫所见，冒公子病愈的时候快到了。"仅此一句话，我所有的劳累全部都值得了。

这样的日子过了整整六十天，两个月的时间，将冒辟疆折磨得不成人形，我看着他一天天地消瘦下来，心中焦急得不得了。然而我却未发现，在照顾冒辟疆的这段时间里，我比他消瘦得还要严重。因为过度操劳，我的身子也很快地虚弱了下去，若不是因为心中有一股气还在支撑着我，说不定我早已倒下。

"妹妹你的身子不好，也不要太操劳了，若是困了让我和娘来替你也好。"见我面色憔悴，苏元芳便会如此对我说。她将我的辛苦清清楚楚地看在眼里的，便常与老夫人劝我好好休息，让她们来代替我照顾冒辟疆，但我总是拒绝，我实在是放心不下，也不愿意她们操劳，再说这本来就是我的分内事。

日子一天天过去，冒辟疆的胃病总算有了好转，我也松了一口气，说话间也多了一些笑意。这时候秋天已经来临，日子安稳下来之后，我也开始寻一些好模样的秋菊来，摆放在冒辟疆的房间中，让他看着也感到心情舒适。

有时候身体的状况好，冒辟疆也会笑着与我说些好玩的话，比如他会看着屋子里的菊花对我说："原想着夏日的时候与你一同在院子中赏月的，谁知道竟然会害了这么重的病，只能在秋日里陪你赏菊做弥补了。"我笑着说道："这可不成，赏月是赏月，赏菊是赏菊，我可不愿意你就将这两者合并了一次性敷衍我。"冒辟疆见我的样子，也不禁笑开了说道："好，你说是怎样就怎样，待到我病好了，便陪你赏月赏菊，可好？"说这些话儿的时候，房内倒还是有些欢愉的气氛。

平常人很难理解我为何会将这么重的担子放在自己的身上，只有我自己察觉到，冒辟疆看我的眼神有些不一样了。从我开始照顾病重的他的那一天开始，他能够依靠的人便只有我，他的病越是长久，依赖我便是越深。虽然很是隐约，但是在声色场所待了许久的我，却很是能够看出人心中的想法，我知道冒辟疆对我的想法正在渐渐地开始改变，这一点让我感到欣喜若狂，同时也支撑着我几年如一日地照顾他，服侍他，甚至罔顾自己的身体，将一切都奉献给冒家。

第四节　余何报姬于此生，姬非人世凡女子

但老天爷似乎不想让冒家有好日子过。

冒辟疆的胃病稍稍有了好转，背上却又生了疽，疼得他背不能沾床。平日里他已经因为各种病痛而夜不能眠了，如今背上生疽更是让他痛不欲生。急得我直掉眼泪。这时候冒辟疆反而会挤出一点笑容说道："看我这身子，怕是老天爷不想让我活了，若不是你如此悉心照顾，我怕是早已驾鹤西去了，你可真是老天爷的克星呢。"我跺跺脚说道："若我是老天爷的克星，我倒真要与他一斗到底了。"

冒辟疆的病压在一家人的心上，沉甸甸的像是一块石头，我咬咬牙将照顾他的任务又接了过来，苏元芳很是担忧地说道："妹妹，你照顾相公的时间已久，我真怕你的身子吃不住啊。"我说道："正是因为我照顾相公的时间久，早已经是轻车熟路，才更应该让我做这件事情。"苏元芳见劝不动我，也只能摇摇头离去了。

背上生疽不是什么重病，但是却会让人痛不欲生，很难康复，加上冒辟疆身上的毛病一大堆，这病痊愈得就更慢了。

白天的时候，除了煎药之外，其余的时间我都待在冒辟疆的房间中，帮他按摩身上的肌肉和关节，时不时帮他换换姿势，免得他躺得累了。虽然此时的冒辟疆已经是瘦骨嶙峋，但我的身子骨也不好，搬动他的时候，往往自己的身子也在不住地颤抖。冒辟疆自然是能够察觉的，总是对我说不用勉强自己，他按照原来的方式趴着便好了。但我总是拒绝。从他说话的口吻中，我能听出他开始心疼我了，他开始在意我的身子了，于是我别无所求，只希望他的病能够早些好。到了晚上，冒辟疆困倦万分，却因为背上的疽而不能躺下，趴着睡觉又会压到胃部，很容易激起胃痛，我苦恼了许久，终于想出了一个办法——让他坐着，靠在我身上睡觉。

第十章　九年得与共床枕，一生之幸皆享尽

这样一来，他既不会压到背上的疮，也不会压到自己的胃，虽然也是很累，倒也能睡着了。只是我便只能在夜里努力地睁着眼睛，不敢有一丝的懈怠。才过了几日，我便又消瘦了一圈，原本戴在手腕上的玉镯子，居然可以滑到我的上手臂，我摸摸自己的手臂，早已瘦得只剩骨头，那一只玉镯宽大得不可思议，但我也只好无奈地笑笑，将那镯子摘了下来。

我开始信仰神明，每日每夜都在为冒辟疆求福，有时候甚至会跟老夫人去庙里拜佛，希望自己的虔诚总有一天能够感动上苍，让冒辟疆远离这病痛之苦。或许是因为受到了太多的苦难，冒辟疆倒有些渐渐适应的意思，即使依然会痛苦地发出呻吟，他也会强力忍住，也很少会再对我和苏元芳发脾气。

一日说起这件事情，冒辟疆沉默了许久才对我说道：“患病这么久以来，我曾无数次想要了断自己的生命，但是每天一醒来我看到你趴在我的身边，我便觉得自己不能负了你，我已经负了你太多回，这一次不能再先你而去了。”说罢便是惨然地看着我笑。我原以为苦难早就已经熬干了我泪水，却想不到听到他的这一番话，我的眼泪依然滚滚而下。

将近十年的时间，熬光了我的青春韶华，我终于能够在他的心里留下了一些印记，我竟有些感谢这些苦难，终于能够让我走进我所爱之人的心中。

冒辟疆靠在我的身上睡觉，整整睡了一百天，我便也整整清醒了一百个夜晚。每一个夜晚，我都看着窗外的月亮，想着我与冒辟疆的相识相知，若是月亮被云遮住，我便看着房内的花束，想着我爹娘还在世时的日子。苦难的日子我都不愿意想起，虽然苦难几乎席卷了我的整个人生。

我开始渐渐记不清日子，不知道这样一成不变的日子到底过了多久。但是冒辟疆的病却终于有了转机。连大夫也啧啧称奇，说他原本见冒辟疆病成这样，怕是活不了多久，但是没想到他居然能够挺过来，并逐渐康复。冒辟疆听到这话，便看看我，而后对大夫说道：“冒某这病能好，都是亏了家人照顾得周到，还有先生的神医神术。”大夫笑着摆摆手说道：“老夫才没有这么大的能耐，都是冒公子你的福分大啊。”

等到大夫出去之后，冒辟疆便拉着我的手说：“你可听到，大夫说我这病本来活不了多久的。"

"听到了。"我笑着说道，"但是你福分不浅，都让你挺了过来。"

冒辟疆摇摇头说道："我冒辟疆活了这么多年，最大的福分就是娶了你进门，若不是你这般照顾我，我怎么可能挺过来？我负了你太多，你却能这样对我，小宛，你当真不是凡人啊。"这一番话，让我愣在了原地，心中动荡不堪，我有些颤抖地说道："小宛嫁给你，才是小宛的福气，我照顾你是天经地义的事情，你身子好了，我便也完全了。"

冒辟疆笑着摇摇头，眼神坚定地看着我说道："我现在才知道什么是患难见真情，我负了你许多次，但是你可以再相信我一次吗？以后的日子里，我一定会好好待你，将你视为我的珍宝。"

我苦笑着说道："可我青春不再，美貌也不再……"

冒辟疆突然笑着说道："我也不再年轻，而且身子还老得病。"这话逗得我破涕为笑，冒辟疆将我紧紧地搂在怀里，这怀抱当真温暖。

三年等待，多年追逐，还有嫁入冒家后，这将近十年的鞠躬尽瘁，我终于让冒辟疆在心里腾出了一个位置给我。似乎从见到他的第一面开始，我便已经不会计较自己的得失，一心一意不过是想要留在他的身边，用尽我所有的力气，只为能够与他共看日出与日落。我等他的承诺已经等了太久，甚至已经感受不到疲惫，太过于长久的等待，已经变为了空虚。还好，他终于还是体会到了我的真心，并回应了我的真心，我董小宛，也终于能够拥有自己的一片幸福之地。

第十章

九年得与共床枕，一生之幸皆享尽

第五节 一生清福，九年占尽，九年折尽

顺治八年（1651 年）正月，天下局势已定，百废待兴，冒家的情况有了起色，冒辟疆的病也渐渐地痊愈了，所有的人都以为我们所期待的好日子总算是要来临了，一家人都在欢欢喜喜地准备过年。

这一日我正在厨房内做腊肠——冒辟疆尤其喜欢吃我做的腊味，因为他的胃病，已经很久没有吃到这样的腌制食物了，好不容易熬到了胃病痊愈，我便准备多做些腊味让他好好解解馋。但没想到的是，刚进厨房没有多久，我便感到一阵晕眩，继而眼前一黑，听到的最后一句话是同在厨房的苏元芳的一声惊叫"妹妹！"。

醒来的时候，我已经躺在了床上，冒家人都在房中，围在我的床前，连冒辟疆的几个孩子都在，所有人都一脸忧愁地看着我。冒辟疆坐在床头，见我醒来，忙抚了抚我的头发，问道："你感觉如何？"

我刚想张口说话，却觉得一阵无力感漫了上来，努力了许久还是发不出声音，只是缓缓地摇了摇头。

冒辟疆的眉毛又拧在了一起，我不喜欢他一脸愁容的样子，想抬手抚平他的眉头，却发现自己周身没有一点力气。

"蒋大夫还没有来吗？"冒辟疆回头问站在一旁的苏元芳，声音很是焦急。蒋大夫是这一带最好的一位大夫，冒辟疆生病的时候，他来诊治过多次。苏元芳回答道："蒋大夫出了远门，怕是要三日后才能回来。"

"三日，这么久？"冒辟疆说道，很是烦躁的样子。老夫人见状，上前宽慰道："你也不要着急，刚才那位大夫不是说了吗，小宛只是因为疲劳过度才会昏了过去，那么好好进补一下，应该就能好了。"

冒辟疆闻言，沉默了。

如果是一般的疲劳，那或许进补会有效，但是我长期体虚，吃了不

198

少的苦头，只怕早就已经病入膏肓，无药可医了。从很久以前开始，我便知道自己的身体怕是不行了，但那时冒辟疆身患重病，我便撑着一口气照顾他，每一日都告诉自己不能倒下。我的心中还渴望着能够与冒辟疆闲云野鹤，多过些相伴的日子，只是没有想到，自己竟然会这么快就倒下了。

一家人围在我的床前，却也想不出什么办法，许久之后，冒辟疆说道："好了，你们都出去吧，我来照顾小宛。"

苏元芳犹豫了一下说道："相公，你的身子也没痊愈，不要太劳心了。"说罢，便领着孩子们出门了。

或许所有人的心里都能隐隐约约地感觉到，我的时日已经不多了，该给我多些的时间与冒辟疆相处。

"相公……"我轻声喊道。冒辟疆忙回道："怎么了？"

"大夫如何说我的病？"我问道。

冒辟疆愣了一下说道："大夫说你只是因为疲劳过度，好好休息病就能好了。"

我吃力地摇摇头说道："相公，我种在窗口的那盆秋菊怎么样了？"

冒辟疆似乎是没想到我如今还会关心那盆秋菊，回头看了一眼窗口，说道："开得很是美艳，我端来给你看看？"

我缓缓地点了点头。

冒辟疆起身向窗口走了过去，没一会儿便端着那盆秋菊回到了我的床前，将那盆菊花放在一旁，然后小心翼翼地将我扶了起来，斜靠在床上。

我细细地看着那盆秋菊。虽然已经到了正月，但是这盆菊花依然还是绽放着，我素来爱菊，战乱之后很难觅到这么好的菊花，第一次看到这盆菊花，我便爱不释手，纵然再忙碌的日子里，也要好好照看这盆花，所以现在虽然已经是冬日，但这花还是开不败的样子，骄傲地挺立在那儿，不屈不挠的样子。

我看着那花，说道："花始终会凋谢，人也是始终会消亡，若是能与这花一同逝去，我倒也是没有遗憾了。"

冒辟疆忙紧张地说道："你莫要乱说话，这花开在秋季，过不久便会凋谢，但是你的生命还长得很，怎可能与这花一同逝去？"

第十章 九年得与共床枕，一生之幸皆享尽

199

　　我见他紧张的样子，不由得笑了。这真是奇怪了，明明能够感受到自己身体里的力量在流失，明明知道自己命不久矣，明明以前每一次面对死亡，我都会无比地恐惧，无比地惊慌，但是如今真的要面对死亡了，我却反而平静了。

　　因为这一次，他就在我的身边。

　　我有些留恋地看着冒辟疆，不知道自己还有多少时间能够这样深情地望着他。许久之后，我开口说道："冒郎，我希望你能够答应我一件事。"

　　冒辟疆问道："什么事情？"

　　我说道："都说生死有命，不管我是能康复还是不治，我都希望我的病不要影响到你，你的身子还没有好，我最不想看到的就是你身处于病痛之中。"

　　冒辟疆愣了一下，眼神中包含着痛苦说道："都这个时候了……"

　　"就因为是这个时候了……"我说道，这些话已经费了我太多的力气，我虚弱地说道，"答应我，好不好？"

　　冒辟疆点了点头。我看到他眼角有隐隐的泪水，似乎下一刻就要滑落，我想说男儿有泪不轻弹，却已经开不了口了。我的力气终于用尽，再也说不出话来了。

　　后来冒家从各地请来了许多有名的大夫为我诊病，但是我早就已经病入膏肓，甚至连说话也已经做不到，只能看着我房间中每天都人来人往，却什么也做不了。冒辟疆每日都会来陪我说说话，说等我病好了之后，便带我去什么好玩的地方，还会找来一些我喜爱已久的书画来给我看，我却一直都很是疲倦，没有办法做出任何的回应。

　　我能够清楚地感受到，生命在自己的身体中渐渐流逝。我曾经以为，那突如其来的死亡的恐惧是最为可怕的，然而现在才觉得，这样漫长的等待或许才是最为折磨人的。

　　我已经太过于劳累，或许死亡会是一种解脱吧。

　　在这个正月里，我终究永远闭上了眼睛，也自然听不到冒家人在我床前的恸哭，更看不到冒辟疆的泪如泉涌。

　　生命，永远停在了二十八岁。

　　董小宛死后，冒辟疆大恸，说道："余一生清福，九年占尽，九年折尽矣！"。之后又写了《影梅庵忆语》，将自己与董小宛的相遇相识相知写下，洋洋洒洒四千字，字里行间都是对于董小宛红颜早逝的悲痛之情。

第十章
九年得与共床枕，一生之幸皆享尽

附录一　董小宛的诗意人生

董小宛的诗情

绿窗偶成

病眼看花愁思深，
幽窗独坐抚瑶琴。
黄鹂亦似知人意，
柳外时时弄好音。

　　这首诗是董小宛在半塘等待冒辟疆时所作，当时她身患重病，身体虚弱，加上受到田弘遇强抢佳丽的惊吓，便是一病不起。这首诗中饱含着对于冒辟疆的思念与期盼。或许这个时候的董小宛心中是有怨，她怨这个男子迟迟不来见自己，只留她一个人伴着病痛，痛苦地思念着。然而她心中的苦涩应该也含有甜蜜，对于女子而言，这种相思也是她们爱情生涯中一个难以磨灭的过程吧。

偶成

独坐红窗闷检书，
双眉终日未能舒。
芳容销减何人觉，
空费朝朝油壁车。

　　这首诗同样完成于董小宛在半塘等待冒辟疆的时候。她的愁情与幽怨，让她渐渐消瘦，终日不得开心颜。诗中满溢她对于冒辟疆的思念之情。

对于冒辟疆的期待，或许是她在病痛中坚持下去的动力，但同时也是她郁郁寡欢的理由。

咏黄山

独坐枫林下，

云峰映落辉。

松径丹霞染，

幽壑白云归。

　　董小宛流连于黄山时，冒辟疆曾经三番四次前往半塘寻找她的身影，但每一次得到的回应都是她仍然在外游山玩水。董小宛在黄山待的日子，前后相加竟然有一年左右。黄山到底有什么魅力能够留住这位美人呢？是逃脱了世俗的清幽之美，还是与柳如是和钱谦益这些好友知己的相交之美？

　　吴梅村写游黄山时的董小宛，是这样下笔的："细縠春郊斗画裙，卷帘都道不如君。白门移得丝丝柳，黄海归来步步云。" 身着白衣的董小宛，在黄山的绮丽景色中漫步，却不料，她看风景时，自己也早已成为了别人眼中的一道风景。

元夕

火树银花三五夜，盘龙堆凤玉烛红。

兰棹轻摇秦淮夜，紫气烟笼钟山峰。

明镜悬天犹有韵，幽兰虽香不禁风。

断梗飘蓬无归处，天涯芳草何处逢。

　　从诗中可以看出，此诗写于董小宛仍在秦淮时。董小宛在秦淮的时间其实并不算长，她生性好清幽，在秦淮打出名堂之后便回到了半塘，独自居住长达六年。在这首诗中，描写了元夕之夜秦淮河畔的热闹与喜庆，然而末尾断梗飘蓬无归处，天涯芳草何处逢两句，却又是将人拉回了现实，才知道秦淮繁华的表面之下，必然有凄凄之人，没有归处。

附录一　董小宛的诗意人生

秋闺十一首

一

幽草凄凄绿上柔，桂花狼藉闭深楼。

银光不足供吟赏，书破芭蕉几叶秋。

二

残柳凋荷绿未沉，一池清水澈如心。

楼前几日无人到，满地槐花秋正深。

三

白日吹人无所思，独来窗下理红丝。

手擎刀尺瓶花落，数点天香入砚池。

四

稠烟迷望不能空，满地犹含绿草风。

乱竹繁枝多少意，满园花落忆春中。

五

修竹青青乱草枯，留连西日影相扶。

短墙微露高城色，远处疏烟入画图。

六

飘枝堕叶此烟中，残鸟啼秋声亦同。

错认桃花满青行，依稀白鹭栖丹凤。

七

侵晓开香湿绣巾，满天犹带月华新。

此中随意看秋色，采得名花赠美人。

八

小庭如水月明秋，天远窗虚人自愁。

多少深思书不尽，要知都在我心头。

九

无事无情亦未闲，孤心常寄水云边。

今宵有月无人处，高讽南华秋水篇。

十

满畦寒水稻初黄，细鸟归飞集野棠。

正是好怀秋八九，桂花枝下饮清香。

十一

风前一叶巧迎秋，露气蟾光净欲流。

楼上有人争拜影，巧丝先我骨衣俅。

这是如今收藏在吉林某博物馆中，董小宛的一件书法作品上的一组诗。十一首诗都写于扇面之上，皆是董小宛亲自创作的七言诗词。董小宛的小楷颇有造诣，工整秀气，下笔有神，得到了很多人的赞扬，她的字传承了古之书法家的气息，这都是当年她每日千字练笔后出的结果。

董小宛的画意

一、《蝴蝶图》

《蝴蝶图》为董小宛十五岁时所作的图，现在收藏于无锡的博物馆中。几只蝴蝶在花丛中翩翩飞舞，宛如清丽的年轻女子在这尘世之间天真地嬉戏。董小宛的画工算不上是最好的，但是在那个女子命如草芥的年代里，一般的女子想要学习读书写字是很难的，董小宛之所以能学到这些，很大一部分是因为她歌妓的身份。

二、《孤山感逝图》

《孤山感逝图》是董小宛现存的最为珍贵的画作之一，作于顺治五年（1648年），2011年出现在拍卖会上，并以三百多万人民币的价格成交。

董小宛自题：孤山回首已无家，不做人间解语花。处士美人同一哭，悔将冰雪误生涯。曩与畹兰姊氏学画于水绘园，戏拈梅瓣贴扇，姊作枝干成之，巢民老人谓如此写梅于古法中别开生面，极暗香浮动之致，曾制一扇奉彤章先生，一时传为吾园隽构。戊子（1648年）残腊，晴雪压檐，紫玄宫太公蜡屐见过，出示孤山感逝之作，命为补图，呼镫醮墨，用煮石山农笔成此小幅，伊人云：逝寒花自荣，诵靖节先生句，觉与太公感逝之作同此凄丽也。董白。钤印：小宛 。

董小宛的美食天下

董小宛的传奇之处，不仅仅在于她与冒辟疆之间的爱情故事，也不仅仅是她留下的传世佳作。除了故事与作品，更为难得的，是董小宛还是一位优秀的厨师。

董小宛做菜，注重于菜品的"色香味"俱全，一些平常的野菜，在她的掌控之下，也会变得格外鲜美可口。冒辟疆在《影梅庵忆语》中称赞董小宛的手艺，说她做的熏制食品"火肉久者无油，有松柏之味；风鱼久者如火肉，有麋鹿之味"。这句话里说的"火肉"就是火腿。据说冒辟疆特别喜爱董小宛所做的熏制食品，常常对其赞不绝口。而这火肉也正是董小宛的代表作品，被人称为"董菜"，而她所做的"董肉"——也就是我们常说的虎跑肉，亦与历史上同样著名的"东坡肉"相映成趣。

在董小宛的著作《奁艳》中，记载了许多如同诗诀一般的菜谱，读起来朗朗上口，颇有趣味。除了自己研究厨艺之外，董小宛还是一个虚心请教的学生，据说，她曾经师从余淡心、杜菜村、白仲三位名厨，并从她们那里学会了一道名为"鱼肚白鸡"的菜，曾有人写诗谓这道菜"余子秦淮收女徒，杜生步武也效尤。白君又把尤来效，不道今日总下锅"。

但是董小宛本人喜欢的，多是一些清淡的食物，一壶芥茶，加上几碟小菜，便是她简单的一餐。她生性淡泊，这样的粗茶淡饭已经是她的最爱了。董小宛另外一样出名的菜是"董糖"。董糖其实就是一种酥糖，苏酥脆脆，甜而不腻，至今也还是当地的一种特产。

董小宛在美食上的贡献并不仅仅于她生前所研制出的那几种美食，后人在她制作的基础上面进行了改进，研制出了几十种菜品，将"董菜"的独特魅力延续了下去。

董小宛与晚菊

据说董小宛特别地喜爱晚菊。嫁入冒家之后，曾经有一个朋友送了几盆名为"剪桃红"的菊花给冒辟疆。这"剪桃红"生得十分美艳，花繁叶茂，很是好看。董小宛第一次见到这盆菊花便欢喜得不得了了，将这菊花放置在自己的床头，每日清晨醒来与每日夜晚就寝之前，都要看看这一盆花。有时候月光甚好，她便将这花带到院子中，寻一个好的位置，将菊花放好，让花朵隐于隐隐绰绰之中，别有一番风味。

董小宛对于这盆菊花的喜爱，是不言而喻的。直到临死前一刻，她也让冒辟疆将菊花端到自己的面前，看到花朵盛开无恙，才安心地闭上了眼睛。据说红楼梦中"黛玉葬花"的那一幕，便是取材于董小宛在水绘阁居住时，感叹山河破碎，悲而葬花的情景。

如果要将女子比作一种花，那么董小宛无疑便是秋菊了。菊花高洁而美丽，不与其他花朵在春夏争艳，而是独自开放在秋天，倒有些孤芳自赏的意味。曾有人为董小宛立传，说其年轻时候对自己的样貌十分自负，常常在镜子前面端详自己的容貌，并感叹以自己这样的资质，定不能嫁于寻常男子。

这一种孤芳自赏的自负，或许也正是董小宛最初看上冒辟疆的缘由吧。

秦淮八艳之董小宛传

附录二　董小宛逝世之谜

董小宛与董鄂妃

　　民间有一种说法，说董小宛就是当年让顺治帝出家的董鄂妃。但是研究考证，这种说法是毫无根据的，从时间上来说，董小宛二十八岁逝世时，顺治才十四岁，这两人是不可能有交集的，更何况满汉不能通婚，董小宛根本没有机会可以进宫，更加不可能受到皇帝的宠爱。加上董小宛本身便很是厌恶宫中的生活，认为奢靡之气乃是不正之风，她乐意与冒辟疆过贫穷的隐居生活，更是她性格寡淡的证明。将董小宛视作董鄂妃，不过是民间的杜撰，在史学上是无稽之谈。但作为一个传奇故事，倒不妨一看。

　　据说董小宛于1645年的时候被清兵掳劫而去，辗转被送到了洪承畴处。洪承畴见董小宛样貌秀美，虽然已经嫁为人妻，但是举手投足之间都有股清秀之气，便认定这个女子绝非常人，就想将董小宛送到宫中去讨好皇帝，让自己谋得些好处。而冒辟疆因为恐惧洪承畴的势力，不敢与之正面交锋，也之后对外宣称董小宛已经病逝了。

　　可怜的董小宛便被洪承畴用计送入了鄂府，成了鄂府的义女。经过三年的秘密训练，汉人女子董小宛出落成了一名满人公主，举手投足之间都像极了满族姑娘。这时正好遇上皇帝选妃，董小宛便被人送进了宫中。因为美好的外表，加上出众的才艺，董小宛在各类秀女之间脱颖而出，获得了顺治的宠爱。

　　但是没过几年，小宛的身份被人发现，东窗事发，加上她所生的龙子不幸夭折，她在宫中举步维艰。而这时她入宫前写给冒辟疆的绝命书也被人发现。一切都到了无法挽回的地步，董小宛之后饮了毒酒，含恨而去。

　　据说当董小宛被顺治抢走的时候，冒辟疆还悲痛欲绝地说："梦幻

208

尘缘，伤心情动，莺莺远去，盼盼楼空。倩女离魂，萍踪莫问。扬钩海畔，谁证前盟；把臂林边，难忘往事。金莲舞后，玉树歌余，桃对无踪，柳枝何处？嗟嗟，萍随水，水随风，萍枯水尽；幻即空，空即色，幻灭全灵。能所双忘，色空并遣；长歌寄意，缺月难圆。"

但这毕竟只是民间传奇，全然当做故事便好，不足为信。

董小宛与董糖

还有一个传说是关于董小宛与她所创造的董糖的。

1645年初，清兵大肆侵略，眼见就要占领扬州，扬州守将史可法不屈不挠，率领众将士顽强抵抗，不做一点退缩。而这时，董小宛奉命从泰州赶来，为扬州的战士们分发自己做的董糖，为他们加油打气，鼓舞士气。

董小宛的酥糖果然让扬州城内的守兵士气大振，纷纷坚强抗敌。董小宛也就留在了扬州城内，不怕危险，为士兵们打气。

然而因为势单力薄，扬州城最终失守，而英雄史可法也在这场战役之中光荣牺牲。滞留在扬州城内的董小宛不畏强敌，在扬州破城之后便自刎而死。她原本便很是爱国，在与爱国文人冒辟疆成婚之后，更是在冒辟疆的熏陶之下懂得了舍生取义的道理。战争无情，佳人最终血洒战场。

后来扬州城的百姓为了纪念董小宛，就将她所制作的这种酥糖起名为"董糖"，至今董糖仍作为一种特产而流传于扬州之内。

这种说法其实也没有历史根据的。但从这个故事中，可见扬州百姓对于董小宛这位奇女子的喜爱，然而故事却过于牵强。我们倒是能从这个故事中，见到董小宛的高洁气质。

自尽苏州五云轩

还有一种说法，同样与洪承畴有关。

1650年下半年，苏州到福建一带战事基本完结，洪承畴闲来无事便找人与自己一同在苏州城内寻找美人，想要给自己找点乐子。

附录二　董小宛逝世之谜

209

　　这个时候，有一个想要升官的士兵便告诉洪承畴，在如皋有一个叫做董小宛的女人，以前是名震秦淮的歌妓。如今虽然已经嫁了人，但是风韵犹存，依然美不胜收。这洪承畴本也就是个好色之徒，听到手下的小兵这样说了之后，心中很是痒痒，便带上人去了如皋寻找董小宛。

　　而不巧的是，这个时候的冒辟疆正因为"陈君悦据城抗清案"的事情，外出避难，家中只剩下董小宛一个人。洪承畴也不心急，先叫了一个刘贵的人来视察一番。这刘贵来到冒辟疆家中见到了董小宛，心中很是赞许，觉得董小宛虽然嫁了人，但身上的气质高雅，举手投足之间都有一种人间难得的清雅之气，想来洪承畴一定十分喜欢。

　　而董小宛见到这人绑着一条大辫子，心中也知道这一定是一个清兵，肯定来者不善。没想到刘贵当真便邀请董小宛前去洪承畴的府中一趟。董小宛客客气气地拒绝说道："我不过是一个平民女子，与洪大人素不相识，想来大人一定是寻错了人了。"

　　刘贵想不到董小宛不仅生得美丽，还是一个聪颖的女子，便又说了许多的话，想要打动董小宛，但是董小宛却十分坚定地拒绝，她的心中比谁都清楚，这是一个不能去的局，若是进去了，便是永世不能翻身了。

　　然而洪承畴也不是等闲之辈，没过几日，便又找了人来到了冒府，这一次他们利用冒家人的性命威胁董小宛，让她没有了退路。董小宛知道洪承畴绝对说得出做得到，一两个人的性命在他的眼里又算得上是什么呢？几番思量之后，只好答应前往洪承畴之处。

　　到了洪承畴的住处，洪承畴忙摆了一桌酒席宴请董小宛。董小宛思量许久，对洪承畴说道："民女嫁去如皋之后，便再也没有回到过苏州，想来我在苏州与我母亲住了十几年，如今物是人非，我想先回故居看一看。"洪承畴权当董小宛是思乡之情发作，想着反正这美人已经到了自己嘴边了，难道还飞了不成？便答应了她，让她回到半塘老家去看一看。

　　董小宛第二日便回了半塘。此时的半塘老家已经多年没有人居住，她嫁去冒家之后，家中的下人也便回了自己的老家，原本清幽宜人的房子，如今已经变成了草木繁多的废墟。董小宛就静静地在这房中坐了一个上午，而后将自己藏在身上的剪刀拿了出来，在这半塘老房中自尽而死。

董小宛与红楼梦

有一种说法认为，董小宛便是红楼梦中林黛玉的原型。从人物的性格来判断，董小宛生性清高，孤芳自赏，与林黛玉有异曲同工之妙。除了当年在水绘阁葬花的一幕，与林黛玉葬花一幕相似，董小宛也曾在金陵生活过。《红楼梦》的作者曹雪芹在十岁之前曾经在秦淮生活过一段时间，对于董小宛的传言必然是十分清楚的。在《红楼梦》中，林黛玉最后香消玉殒在金陵，因而也有不少人猜测，董小宛也是在金陵逝世的。

附录二　董小宛逝世之谜

附录三　后人眼中的董小宛

缅怀董小宛的作品

　　董小宛生前在秦淮很是出名，为"秦淮八艳"之一。董小宛逝世之后，有不少才子文人都为她立传著书，但是其中最为著名的，莫过于她的丈夫冒辟疆为她所写的《影梅庵忆语》，洋洋洒洒一万余字，满纸皆是对董小宛深深浅浅的思念。《影梅庵忆语》中，冒辟疆事无巨细地描写了自己与董小宛之间的生活，对于两人生活中小情趣小乐趣都一一记载了下来，但是对于董小宛生重病的事情，却只是一笔带过。也正是因为这样，后人对于董小宛死亡的真相有着很大的疑惑，并且杜撰出许多版本的"逝世真相"。

　　但从文学角度来说，《影梅庵忆语》为一本难得的散文小品，与沈复的《浮生六记》齐名，具有极高的文学价值。

《影梅庵忆语》（节选卷一、卷二）

卷一

　　爱生于昵，昵则无所不饰。缘饰著爱，天下鲜有真可爱者矣。矧内屋深屏，贮光阒彩，止凭雕心镂质之文人描摹想像，麻姑幻谱，神女浪传。近好事家复假篆声诗，侈谈奇合，遂使西施、夷光、文君、洪度，人人阁中有之，此亦闺秀之奇冤，而啖名之恶习已。

　　亡妾董氏，原名白，字小宛，复字青莲。籍秦淮，徙吴门。在风尘虽有艳名，非其本色。倾盖矢从余，入吾门，智慧才识，种种始露。凡九年，上下内外大小，无忤无间。其佐余著书肥遁，佐余妇精女红，亲操井臼，以及蒙难遘疾，莫不履险如夷，茹苦若饴，合为一人。今忽死，余不知姬死而余死也！但见余妇茕茕粥粥，视左右手罔措也。上下内外大小之人，咸悲酸痛楚，以为不可复得也。传其慧心隐行，闻者叹者，莫不谓文人义士难与争俦也。

余业为哀辞数千言哭之，格于声韵不尽悉，复约略纪其概。每冥痛沉思姬之一生，与偕姬九年光景，一齐涌心塞眼，虽有吞鸟梦花之心手，莫能追述。区区泪笔，枯涩黯削，不能自传其爱，何有于饰？矧姬之事余，始终本来，不缘狎昵。余年已四十，须眉如戟。十五年前，眉公先生谓余视锦半臂碧纱笼，一笑瞠若，岂至今复效轻薄于漫谱情艳，以欺地下？倘信余之深者，因余以知姬之果异，赐之鸿文丽藻，余得燕手报姬，姬死无恨，余生无恨。

己卯初夏，应试白门，晤密之，云："秦淮佳丽。近有双成，年甚绮，才色为一时之冠。"余访之，则以厌薄纷华，挈家去金阊矣。嗣下第，浪游吴门，屡访之半塘"时逗留洞庭不返。名与姬颉颃者，有沙九畹、杨漪照。予日游两生间，独阨尺不见姬。将归棹，重往冀一见。姬母秀且贤，劳余曰："君数来矣，予女幸在舍，薄醉未醒。"然稍停，复他出，从花径扶姬于曲栏．与余晤。面晕浅春，缬眼流视，香姿五色，神韵天然，懒慢不交一语。余惊爱之，惜其倦，遂别归，此良晤之始也。时姬年十六。

庚辰夏，留滞影园，欲过访姬。客从吴门来，知姬去西子湖，兼往游黄山白岳，遂不果行。辛巳早春，余省觐去衡岳，由浙路往，过半塘讯姬，则仍滞黄山。许忠节公赴粤任，与余联舟行。偶一日，赴饮归，谓余曰："此中有陈姬某，擅梨园之胜，不可不见。"余佐忠节公治舟数往返，始得之。其人淡而韵，盈盈冉冉，衣椒茧时，背顾湘裙，真如孤鸾之在烟雾。是日演弋腔《红梅》以燕俗之剧，咿呀啁哳之调，乃出之陈姬身回，如云出岫，如珠在盘，令人欲仙欲死。漏下四鼓，风而忽作，必欲驾小舟去。余牵衣订再晤，答云："光福梅花如冷云万顷，子越旦偕我游否？则有半月淹也。"余迫省觐，告以不敢迟留故，复云："南岳归棹，当迟子于虎丫丛桂间。盖计其期，八月返也。"余别去，恰以观涛日奉母回。至西湖，因家君调已破之襄阳，心绪如焚，便讯陈姬，则已为窦霍豪家

213

掠去，闻之惨然。及抵阊门，水涩舟胶，去游关十五里，皆充斥不可行。偶晤一友，语次有"佳人难再得"之叹。友云："子误矣！前以势劫会者，赝某也。某之匿处，去此甚迩，与子偕往。"至果得见，又如芳兰之在幽谷也。相视而笑回："子至矣，子非雨夜舟中订芳约者耶？感子殷勤，以凌遽不获订再晤。今几入虎口，得脱，重赠子，真天幸也。我居甚僻，复长斋，茗简炉香，留子倾倒于明月桂影之下，且有所商。"余以老母在舟，统江楚多梗，率健儿百余护行，皆住河干，矍矍欲返。甫黄昏而炮械震耳，击炮声如在余舟旁，亟星驰回，则中贵争持河道，与我兵斗。解之始去。自此余不复登岸。越旦，则姬淡妆至，求谒吾母太恭人，见后仍坚订过其家。乃是晚，舟仍中梗，乘月一往，相见，卒然回："余此身脱樊笼，欲择人事之。终身可托者，无出君有。适见太恭人，如覆春云，如饮甘露。真得所天。子毋辞！"余笑回："天下无此易易事。且严亲在兵火，我归，当弃妻子以殉。两过子，皆路梗中无聊闲步耳。于言突至，余甚讶。即果尔，亦塞耳坚谢，无徒误子。"复宛转云："君倘不终弃，誓待昆堂上画锦旋。"余答曰："若尔，当与子约。"惊喜申嘱，语絮絮不悉记，即席作八绝句付之。

归历秋冬，奔驰万状，至壬午仲春，都门政府言路诸公，恤劳人之劳，怜独子之苦，驰量移之耗，先报余。时正在毗陵，闻音，如石去心，因便过吴门谢陈姬。盖残冬屡趋余，皆未及答。至则十日前复为窦霍门下客以势逼去。先，吴门有昵之者，集千人哗动劫之。势家复为大言挟诈，又不惜数千金为贿。地方恐贻伊戚，劫出复纳入。余至，怅惘无极，然以急严亲患难，负一女子无憾也。是晚壹郁，因与觅舟去虎缪（田旁）夜游。明日，遣人至襄阳，便解维归里。

舟一过桥，见小楼立水边。偶询游人："此何处？何人之居？"友以双成馆对。余三年积念，不禁狂喜，即停舟相访。友阻云："彼前亦为势家所惊，危病十有八日，母死，镝户不见客。"余强之上，叩门至再三，始启户，灯火阒如。宛转登楼，则药饵满几榻。姬沉吟询何来，余告以昔年曲栏醉晤人。姬忆，泪下曰："曩君屡过余，虽仅一见，余母恒背称君奇秀，为余惜不共君盘桓。今三年矣，余母新死、见君忆母，言犹在耳。今从何处来？"便强起，揭帷帐审视余，且移灯留坐榻上。

谈有顷，余怜姬病，愿辞去。牵留之日："我十有八日寝食俱废，沉沉若梦，惊魂不安。今一见君，便觉神怡气工。"旋命其家具酒食，饮榻前。姬辄进酒，屡别屡留，不使去。余告之日："明朝遣人去襄阳，告家君量移喜耗。若宿卿处，诘旦不能报平安。俟发使行，宁少停半刻也。"姬日："子诚殊异，不敢留。"送别。

越旦，楚使行，余亟欲还，友人及仆从咸云："姬昨仅一倾盖，拳切不叮负。"仍往言别，至则姬已妆成，凭楼凝睇，见余舟傍岸，便疾趋登舟。余具述即欲行，姬曰："我装已成，随路相送。"余却不得却，阻不忍阻。由浒关至梁溪、毗陵、阳羡、澄江，抵北固，越二十七日，凡二十七辞，姬惟坚以身从。登金山，誓江流日："委此身如江水东下，断不复返吴门！"余变色拒绝，告以期迫科试，年来以大人滞危疆，家事委弃，老母定省俱违，今始归，经理一切。且姬吴门责逋甚众，金陵落籍，亦费商量，仍归吴门，俟季夏应试，相约同赴金陵。秋试毕，第与否，始暇及此，此时缠绵，两妨无益，姬仍踌躇不肯行。时五木在几，一友戏云："卿果终如愿，当一掷得巧。"姬肃拜于船窗，祝毕，一掷得"全六"，时同舟称异。余谓果属天成，仓卒不臧，反偾债乃事，不如暂去，徐图之。不得已，始掩面痛哭，失声而别。余虽怜姬，然得轻身归，如释重负。

才抵海陵，旋就试、至六月抵家。荆人对余曰："姬令其父力已过江来，姬返吴门，茹素不出，惟翘首听金陵偕行之约。"闻言心异，以十金遣其父去曰："我已怜其意而许之，但令静俟毕场事后，无不可耳。"余感荆人相成相许之雅，遂不践走使迎姬之约竟赴金陵、俟场后报姬。金桂月三下之辰，余方出闱，姬猝到叶寓馆。盖望余耗不至，孤身挈一妪，买舟自吴门江行。遇盗，舟匿芦苇中，舵损不可行，炊烟遂断三日。初入抵三山门，只恐扰余首场文思，复迟二日始入。姬见余虽甚喜，细述别后百日茹素杜门与江行风波盗贼惊魂状，则声色俱凄，求归愈固，是魏塘、去间、闽、豫诸同社，无不高姬之识，悯姬之诚，咸为赋诗作画以坚之。

场事既毕，余妄意必第，自谓此后当料理姬事，以报其志。讵十七日，忽传家君舟抵江干，盖不赴宝庆之调自楚休致矣。时足二载违养，

215

冒兵火生还，喜出望外，遂不及为姬谋去留，竟从龙潭尾家君舟抵銮江。家君问余文。谓余必第，复留之銮江候榜。姬从桃叶寓馆仍发舟追余、燕子矶阻风，几复罹不测，重盘桓銮江舟中。七日，乃榜发，余中副车，穷日夜力归里门，而姬痛哭相随，不肯返，且细悉姬吴门诸事。非一手足力所能了。责逋者见其远来，益多奢望，众口猖猖。且严亲速归，余复下第意阻，万难即诣。舟抵郭外朴巢，遂冷面铁心，与姬决别，仍令姬返吴门，以厌责逋者之意，而后事可为也。

阴月，过润州，谒房师郑公，时闻中刘大行自都门来，陈大将军及同盟刘刺史饮舟中。适奴子自姬处来。云：姬归不脱去时衣，此时尚方空在体。谓余不速往图之，彼甘冻死。刘大行指余曰："辟疆夙称风义。固如负一女子耶？"余云："黄衫押衙，非君平、仙客所能自力。"刺史举杯奋袂回："若以千金恣我出入，即于今日往！"陈大将军立贷数百金，大行以参数斤佐之。讵谓刺史至吴门，不善调停，众哗决裂，逸去吴江。余复还里。不及讯。

姬孤身维谷，难以收拾。虞山宗伯闻之，亲至半塘，纳姬舟中。上至荐绅，下及市井，纤悉大小，三日为之区画立尽，索券盈尺。楼船张宴，与姬饯于虎，旋买舟送至吾皋。至至月之望，薄暮侍家君饮于拙存堂，忽传姬抵河干。接宗伯书，娓娓洒洒，始悉其状，且驰书贵门生张祠部立为落籍。吴门后有细琐，则周仪部终之，而南中则李宗宪旧为祠垣者与力焉。越十月，愿始毕，然后往返葛藤，则万斛心血所灌注而成也。

壬午清和晦日，姬送余至北固山下，坚欲从渡江归里。余辞之，益哀切，不肯行。舟泊江边，时西先生毕今梁寄余夏西洋布一端，薄如蝉纱，洁比雪艳。以退红为里，为姬制轻衫，不减张丽华桂宫霓裳也。偕登金山，时四五龙舟冲波激荡而上，山中游人数千，尾余二人，指为神仙。绕山而行，凡我两人所止则龙舟争赴，回环数匝不去。呼询之，则驾舟者皆余去浙回官舫长年也。劳以鹅酒，竟日返舟，舟中人宣瓷大白盂，盛樱珠数厅，共啖之，不辨其为樱为唇也。江山物之盛，照映一时。至谈者侈美。

卷二

秦淮中秋日，四方同社诸友感姬为余不辞盗贼风波之险，间关相从，因置酒桃叶水阁。时在座为眉楼顾夫、寒秀斋李夫人，皆与姬为至戚，美其属余，咸来相庆。是日新演《燕子笺》，曲尽情艳。至霍华离合处，姬泣下，顾、李亦泣下。一时才子佳人，楼台烟水，新声明月，俱足千古，至今思之，不啻游仙枕上梦幻也。

銮江汪汝为园亭极盛，而江上小园，尤收拾江山盛概。壬午鞠月之朔，汝为曾延予及姬于江口梅花亭子上。长江白浪涌象，姬轰饮巨叵罗，觞政明肃，一时在座诸姬皆颓唐溃逸。姬最温谨，是日豪情逸致，则仅见。

乙酉，余奉母及这家眷流寓盐官，春过半塘，则姬之旧寓固宛然在也。姬有妹晓生，同沙九畹登舟过访，见姬为余如意珠，而荆人贤淑，相视复如水乳，群美之，群妒之。同上虎丘，与予指点旧游，重理前事，吴门知姬者咸称其俊识，得所归云。

鸳鸯湖上，烟雨楼高。逶迤而东，则竹亭园半在湖内，然环城四面，名园胜寺，夹在诸层而潋滟者，皆湖也。游人一登烟雨楼，遂谓已尽其胜，不知浩瀚幽渺之致，正不在此。与姬曾为竟日游，又共追忆钱塘江下桐君严濑、碧浪苍岩之胜，姬更云新安山水之逸，在人枕灶间，尤足乐也。

虞山宗伯送姬抵吾皋，是侍家君饮于家园，仓卒不敢告严君。又侍饮至四鼓，不得散。荆人不待余归，先为洁治别室，帷帐、灯火、器具、饮食，无一不顷刻具。酒阑见姬，姬云："始至正不知何故不见君，但见婢妇簇我登岸，心窃怀疑，且深恫骇。抵斯室，见无所不备。旁询之，始感叹主母之贤，而益快经岁之矢相从不误也。"自此姬屏别室，却管弦，洗铅华，精学女红，恒月余不启户。耽寂享恬，谓骤出万顷火云，得憩清凉界，回视如梦如狱。居数月，于女红无所不妍巧，锦绣工鲜。刺巾裾如蚁无痕，日可六幅。剪彩织字、缕金回文，各厌其技，针神针绝，前无古人已。

姬在别室四月，荆人携之归。入门，吾母太恭人与荆人见而爱异之，加以殊眷。幼姑长姊尤珍重相亲，谓其德性举止均非常人。而她之侍左右，服劳承旨，较婢妇有加无已。烹茗剥果，必手进；开眉解意，爬背喻痒。当大寒暑，折胶铄金时，必拱立座隅，强之坐饮食，旋坐旋饮食，旋起执役，

217

拱立如初。余每课两儿文，个称意，加夏楚，姬必督之改削成章，庄书以进，至夜不懈。越九年，与荆人无一言枘凿。至于视众御下，慈儿不遑，咸感其惠。余出入应酬之费与荆人日用金错泉布，皆出姬子。姬不私银两。不爱积蓄．不制一宝粟钗钿。死能弥留，元旦次日，求见老母，始瞑目，而一身之外，金珠红紫尽却立，不以殉，洵称异人。

余数年来欲裒集四唐诗，购全集、类逸事、集众评，列人与年为次第，每集细加评选。搜遗失，成一代大观。初、盛稍有次第，中、晚有名无集、有集不全，并名、集俱未见行甚夥，《品汇》，六百家大略耳，即《纪事本末》，千余家名姓稍存，而诗不具。全唐诗话更觉寥寥。芝隰先生序《十二唐人》，称像章大家，藏中晚未刻集七百余种。孟津王师向余言：买灵宝许氏《全唐诗》数车满载、即曩流寓盐官胡孝辕职方批阅唐人诗，剞劂工费，需数千金。僻地无书可惜，近复裹足踽下，不能出游购之，以此经营搜索，殊费工力，然每得一帙，必细加丹黄。他书有涉此集着，皆录首简，付姬收贮。至编年论人，准之《唐书》。姬终日佐余稽查抄写，细心商订，永日终使，相对忘言。阅诗无所不解，而又出慧解以解之。尤好熟读楚辞、少陵、义山、王建、花蕊夫人、王珪、三家宫词，等身之书，周迥左右，午夜衾枕间，犹拥数十家《唐书》而卧。今秘阁尘封，余不忍启，将来此志，谁克与终？付之一叹而已。

犹忆前岁余读《东汉》，至陈仲举、范、郭诸传，为之抚几，姬一一求解其始末，发不平之色，而妙出持平之议，堪作一则史论。

乙酉客盐官，尝向诸友借书卖之，凡有奇僻，命姬手抄。姬于事涉闺阁者，则另录一帙。归来与姬遍搜诸书，续成之，名曰《奁艳》。其书之魂异精秘，凡古人女子，自顶至踵，以及服食器具、亭台歌舞、针神才藻，下及禽鱼鸟兽，即草木之无情者，稍涉有情，皆归香丽。今细字红笺，类分条析，俱在奁中。客春顾夫人远向姬借阅此书，与龚奉常极称其妙，促绣梓之。余即当忍痛为之校雠，以终姬志。

姬初入吾家，见董文敏为余书《月赋》，仿钟繇笔意者，酷爱临摹，嗣遍觅钟太傅诸帖学之。阅《戎格表》称关帝君为贼将。选废钟学《曹娥碑》，日写数千字，不讹不落。余凡有选摘，立抄成帙，或史或诗，或遗事妙句，皆以姬为绀珠。又尝代余书小楷扇，存戚友处，而荆人米盐琐细，以及内外出入，无不各登手记；毫发无遗。其细心专力，即吾辈好学人鲜及也。

姬于吴门曾学画未城，能做小丛寒树．笔墨楚楚，时于几砚上辄自图写，故于古今绘事，别有殊好。偶得长卷小轴与笥中旧珍，时时展玩不置。流离时宁委夌具，而以书画捆载自随。来后尽裁装潢，独存纸绢，犹不得免焉，则书画之厄，而姬之嗜好真且至矣。

《题冒辟疆名姬董白小像》是清代诗人吴伟业所作诗词之一，为怀念董小宛的一部作品。而历代文人也感叹与董小宛对于爱的追逐，为她立传著书，其中也有不少的传世佳作。不同于一般才子佳人的故事，董小宛能够获得冒辟疆，完全在于她本身的勇敢。她的勇敢，在封建社会中，宛如一道柔情的阳光，照破了整片阴霾的天空。

金风玉露一相逢，便胜却人间无数。

董小宛这个"贤妾"给我们留下了太多的传奇与借鉴。

题冒辟疆名姬董白小像

珍珠无价玉无瑕，

小字贪看问妾家。

寻到白堤呼出见，

月明残雪映梅花。

板桥杂记

性爱娴静，遇幽林远涧，片石孤云，则恋恋不忍舍去；

至男女杂坐，歌吹宣阗，心厌色沮，意弗屑也。

附录三 后人眼中的董小宛

附录四　董小宛生平大事年表

1624 年

董小宛出生于苏州董家绣庄，原名董白，因崇敬李白而字青莲。董小宛幼年时家底殷实，生活富足。董小宛的娘亲自她小时便教她读书写字，希望她能够成为一个不寻常的女子。董小宛的娘本身在妓籍，因而董小宛也逃脱不了陷入妓籍的命运。或者正是因为察觉到了这一点，董小宛的母亲才会让她从小便学习琴棋书画，因为她深知，一旦董小宛不幸堕入青楼，能够帮助她走出青楼的，便只有这些了。

1637 年—1638 年

董小宛的父亲去世，家道中落，又受到伙计欺压，欠下大量债务，母亲又身患重病。种种压力之下，董小宛堕入青楼，卖艺不卖身，以歌妓的身份挣钱偿还债务。

1638 年

董小宛初到金陵，在青楼结识柳如是。因其才艺双绝而名震秦淮。但同时因为品格高洁，而得罪贵人，一怒之下便回了半塘。

1639 年

在半塘遇见冒辟疆，董小宛醉卧床边，两人相谈一夜，冒辟疆匆匆离去。同年董小宛陪同钱谦益游太湖、西湖。董小宛开始喜欢与一些名士文人出外远游，总是在不知不觉中便离半塘久远。

1641 年

冒辟疆至半塘寻找董小宛，但总也寻不见，后遇到陈圆圆，与陈圆圆订婚嫁之约。董小宛与钱谦益、柳如是等人在黄山游览，写下不少传世名作。

1642 年春

陈圆圆不知所踪，董小宛遭受田弘遇抢佳丽的惊吓，加上母亲去世，双重打击之下，重病在床，后再次遇到冒辟疆。

1642 年夏

董小宛苦追冒辟疆。这期间乘上冒辟疆的船共度三十余天，后又孤身前往金陵见准备乡试的冒辟疆。一路上霉运连连，几次三番差点丢了性命。两人在金陵终于相见，冒辟疆感激董小宛对他的付出，并答应帮助她解妓籍。

1642 年秋

冒辟疆乡试不中，家中又烦事缠身，无力为董小宛赎身解妓籍，董小宛回到半塘后，终日以泪洗面，不肯更衣。柳如是与钱谦益前往苏州寻找董小宛，在钱谦益的帮助下，董小宛终能赎身解妓籍，获得自由身。

1642 年冬

钱谦益买舟将董小宛送去如皋，董小宛随冒辟疆回冒家，终于得偿所愿，嫁入冒家。冒家人都十分宽容地接受了董小宛，尤其是冒辟疆的原配苏元芳和冒老夫人，对董小宛喜爱得不得了。

1642 年—1651 年

董小宛在冒家做了九年妾，勤勤恳恳，任劳任怨，冒家上下都与她为善。但是战火连年，常年逃亡之后，冒辟疆身患重病，董小宛便不辞辛苦地照料他，最后冒辟疆痊愈，董小宛却劳累而死，香消玉殒时仅仅二十八岁。

附录四 董小宛生平大事年表